O que são os **Evangelhos?**

GERALDO
MORUJÃO

O que são os **Evangelhos?**

3ª edição

QUADRANTE

Capa
Gabriela Haeitmann

Dados Internacionais de Catalogação na Publicação (CIP)

Morujão, Geraldo
O que são os Evangelhos? / Geraldo Morujão — 3ª ed. — São Paulo: Quadrante, 2025.

ISBN: 978-85-7465-920-6

1. Bíblia. Evangelho – Crítica, interpretação, etc. 2. Cristianismo I. Título

CDD-206.06

Índice para catálogo sistemático:
1. Evangelho – Crítica, interpretação, etc. : Cristianismo
206.06

QUADRANTE EDITORA
Rua Bernardo da Veiga, 47 - Tel.: 3873-2270
CEP 01252-020 - São Paulo - SP
www.quadrante.com.br / atendimento@quadrante.com.br

SUMÁRIO

O EVANGELHO E OS EVANGELHOS

De todas as palavras que mais falam a um homem de fé, destaca-se esta: *Evangelho*, pois nele radica o mais profundo sentido da sua vida. Mas ninguém pode dizer que o conhece em toda a sua riqueza e valor. Quem sabe lê-lo nunca mais o deixa, nunca se cansa de o ler e meditar. Estas páginas breves visam facultar-nos mais um estímulo e ajuda para recomeçarmos a ler o Evangelho com renovado empenho e proveito.

Em todo o Novo Testamento, nunca se usa a palavra "Evangelho" para designar um escrito, mas para indicar a *boa nova* do Reino de Deus que Jesus veio instaurar entre os homens: é o *Evangelho pregado*, isto é, o anúncio da salvação que Jesus trouxe a todos os homens. São Marcos considera que ele tem o seu início na pregação feita por João Batista, o mensageiro ou arauto que veio à frente de

Jesus para preparar-lhe o caminho[1], e que por isso é chamado *o Precursor*.

Jesus dá esse nome à sua pregação: *Completou-se o tempo e está próximo o Reino de Deus. Convertei-vos e crede no Evangelho*[2], isto é, na Boa-nova.

O Reino de Deus que Jesus vinha instaurar tinha como base a conversão dos corações à fé em Deus e ao seu amor, e continha o fermento de uma transformação radical na vida das pessoas e de toda a sociedade. A sua pregação era de um alcance tão extraordinário, tão vasto e tão transcendente, que não se restringia à solução dos problemas imediatos que afligiam os seus ouvintes. Mas o remédio que Ele ia dando a alguns desses problemas — doenças, fome — constituía o sinal de que o Reino de Deus já estava no meio dos homens e ao alcance de toda a humanidade[3]. A esses homens (como ainda hoje a nós), só lhes faltava crer, converter-se, tomar a sério o Evangelho do Reino, em toda a sua extensão.

Jesus não escreveu nem mandou escrever a sua mensagem de salvação, mas, ao deixar este mundo, encarregou os seus discípulos de a anunciarem: *Ide por todo o mundo e pregai o Evangelho a toda a criatura*[4]. E também esta pregação dos Apóstolos assume o mesmo nome de *Evangelho*[5].

Esta "boa notícia" não é simplesmente mais uma mensagem de bem para a humanidade: ela é decisiva e definitiva, pois é a proclamação de que Jesus Cristo, com a sua Morte e Ressurreição, nos libertou dos nossos pecados, dando pleno cumprimento às promessas salvadoras que Deus tinha feito através dos Profetas do Antigo Testamento. É por isso que o Evangelho, tal como se realizou em Jesus e era pregado pelos Apóstolos, não admitia qualquer alteração: *Se alguém — nós próprios ou um anjo do céu — vos anunciar um evangelho em desacordo com aquele que vos anunciamos, seja anátema!*, diz São Paulo[6].

É interessante notar que, nesta época apostólica, o nome de *evangelista* era dado não aos escritores, mas a especiais pregadores do Evangelho[7]. Em dado momento, pareceu bem a alguns desses pregadores, guiados pelo Espírito Santo, que também o escrevessem: é o *Evangelho escrito*. Foi assim que chegaram até nós quatro escritos que só mais tarde vieram a tomar o nome de Evangelhos*.

Na primeira metade do século II, São Justino dá a notícia de que as "memórias dos Apóstolos" eram chamadas "Evangelho"[8], e Santo Ireneu fala do "Evangelho quadriforme", numa clara alusão aos escritos dos quatro evangelistas[9].

OS QUATRO EVANGELHOS

Mais adiante falaremos do modo como se formaram os quatro escritos chamados Evangelhos. Nomeados pela ordem em que aparecem desde os manuscritos mais antigos até às nossas Bíblias de

* A palavra Evangelho é de origem grega: *euangélion*, boa (*eu*) notícia (*angélion*). Designava no mundo helênico uma notícia alegre, especialmente a de uma vitória. Também podia designar o prêmio ou alvíssaras dadas ao portador da boa notícia. Este nome e o verbo correspondente — "evangelizar" — são aplicados à mensagem de Jesus porque na Septuaginta, a antiquíssima tradução grega do Antigo Testamento, frequentemente, sobretudo em Isaías, esse termo é usado para indicar a salvação que Deus enviará nos tempos do Messias. O texto de Isaías — O espírito do Senhor repousa sobre mim, porque o Senhor consagrou-me pela sua unção; enviou-me para evangelizar os humildes, curar os corações doloridos, anunciar aos cativos a redenção e aos prisioneiros a liberdade (Is 61, 1) — chega mesmo a ser citado diversas vezes nos Evangelhos (cf. Mt 11, 2-5; Lc 4, 18-19; 7, 20-22).

hoje, temos: o Evangelho segundo *São Mateus*, o Evangelho segundo *São Marcos*, o Evangelho segundo *São Lucas* e o Evangelho segundo *São João*.

Estes títulos são posteriores à redação da obra de cada evangelista. É escusado dizer que também a divisão de cada Evangelho em capítulos e versículos é muito recente e nem sempre a mais acertada: em capítulos, no século XIII, por Stephan Langhton, e em versículos, no século XVI, por Robert Estienne.

Os autores dos Evangelhos não assinaram a sua obra nem quiseram deixar o seu nome de alguma maneira vinculado aos seus escritos. Esta preocupação de anonimato põe em evidência o valor da mensagem. Com efeito, o importante não era o que cada um escrevia, mas sim *o que Jesus fez e ensinou*, a sua obra salvadora da humanidade, aquilo mesmo que os Apóstolos pregavam. A obra escrita de cada evangelista nasce com um matiz de autenticidade tão evidente que dispensa bem o nome do redator, aliás muito conhecido das comunidades a que o escrito se destinava. Pelo contrário, a partir do século II, após a geração dos Apóstolos, quando autores menos escrupulosos pretenderam fazer passar gato por lebre, para darem autoridade ao que escreveram tardiamente, é que abusaram do nome de Apóstolos para intitularem os chamados "Evangelhos apócrifos", uns com finalidade edificante, como o *Protoevangelho de São Tiago*, o *Evangelho de São Pedro* e o *Evangelho de São Bartolomeu*; outros com finalidade herética, como o de *São Tomé*, o de *São Matias* e o de *São Filipe*.

Só na segunda metade do século II é que, nas cópias dos quatro Evangelhos, começaram a figurar os nomes dos seus autores humanos: "segundo Mateus", "segundo Marcos", "segundo Lucas", "segundo João". Esta forma de indicar o autor — "segundo" —, embora corrente na época, presta-se a ser discreta e a pôr em evidência a pessoa e a obra de Jesus, deixando em segundo plano os escritores.

É assim que nós conhecemos o nome dos quatro evangelistas pelo que nos diz a Tradição cristã. Mas também a análise crítica de cada Evangelho confirma o testemunho claro e unânime da Tradição. Basta-nos recordar aqui alguns testemunhos mais antigos. Pelo ano 130, Papias, bispo de Hierápolis na Ásia Menor, fala do Evangelho de Mateus e do de Marcos. Por volta do ano 180, o Cânon de Muratori, um escrito procedente de Roma, fala dos quatro evangelistas. Mas o testemunho de mais valor, também desta época, é o de Santo Ireneu: "Assim Mateus, entre os hebreus, escreveu o Evangelho na língua deles, enquanto Pedro e Paulo, em Roma, evangelizavam e fundavam a Igreja. Depois da partida (morte) destes, Marcos, discípulo e intérprete de Pedro, comunicou-nos por escrito as coisas que tinham sido anunciadas por Pedro. E Lucas, companheiro de Paulo, escreveu o Evangelho que este pregava. Depois João, discípulo do Senhor, que se tinha reclinado sobre o seu peito, escreveu o Evangelho, residindo em Éfeso, na Ásia"[10].

O valor deste testemunho é excepcional, não só pela antiguidade, mas sobretudo pela qualidade da informação; é que Santo Irineu, bispo de Lyon, conhece a Tradição da Igreja na Gália, em Roma, mas sobretudo na Ásia Menor, onde nasceu por meados do século II, tendo lidado em criança com São Policarpo; e este santo bispo de Esmirna tinha convivido com São João e com muitos outros que tinham visto o Senhor e os seus Apóstolos. O próprio Ireneu nos garante a firmeza e a clareza das suas recordações dessa primeira fase da sua vida.

Vejamos agora como estes dados da Tradição são confirmados pelos dados de cada um dos Evangelhos correspondentes.

São Mateus

É significativo que só no Evangelho de São Mateus este Apóstolo seja nomeado como publicano na lista dos doze Apóstolos[11]. Os outros evangelistas, por delicadeza, encobrem esta sua infamante profissão de cobrador de impostos a favor da opressão romana; por isso, quando relatam a sua vocação, dão-lhe um outro nome, Levi, pelo qual era menos conhecido[12].

Também o texto de Mateus contém indícios de que foi escrito para cristãos vindos do judaísmo, na língua deles, segundo atesta a Tradição. Com efeito, além de usar mais semitismos — como *Reino dos Céus* em vez de Reino de Deus, *Cidade Santa* em vez de Jerusalém —, quase nunca traduz os termos hebraicos que usa, e refere costumes judaicos sem os explicar, como o de lavar as mãos antes de comer[13], o do primeiro dia dos ázimos[14] etc...

Por outro lado, Mateus contém mais citações do Antigo Testamento, e as que são próprias só dele estão tiradas da Bíblia hebraica; as citações comuns a Marcos e Lucas procedem da tradução grega da Bíblia, o que leva a pensar que o Evangelho de São Mateus não é uma simples tradução de um original aramaico, mas uma autorizada adaptação posterior, que o valorizou notavelmente.

São Marcos

Por este Evangelho, nada sabemos do seu autor, embora se pense que Marcos foi aquele jovem que, na noite da prisão de Jesus em Getsêmani, foi ver o que se passava envolvido apenas num lençol e escapou nu quando quiseram prendê-lo[15]. É pelo livro dos Atos dos Apóstolos[16] e pelas Epístolas de São Paulo[17] que sabemos várias coisas deste companheiro de São Paulo e de São Pedro[18].

No entanto, há muitos indícios de que foi Pedro a fonte de informação de Marcos, nomeadamente os pormenores realistas que só aparecem no seu Evangelho, denotando uma testemunha ocular que seria Pedro, de quem Marcos foi discípulo[19]. Não deixa de ser curioso que Marcos omita dados gloriosos para Pedro, como a promessa do

Primado, o episódio em que caminha sobre o mar, o da didracma, quando pedem ao Senhor que pague o imposto[20], e em contrapartida não esconda os dados humilhantes. As referências explícitas a Pedro são frequentes, e é apenas São Marcos quem registra, na aparição de Jesus ressuscitado às mulheres, a referência ao Apóstolo: *Diz aos discípulos e a Pedro...*[21]; tratava-se de uma delicadeza de Jesus para com o Apóstolo, amargurado com a sua negação, que muito o sensibilizou e que ele sempre lembraria na sua pregação.

Este Evangelho não se destina a cristãos provenientes do judaísmo. Por isso, embora use palavras aramaicas — como *Boanergés*[22], *talitá kúmi*[23], *effatá*[24], *corbán*[25], *abbá*[26], *Golgotán*[27], *Eloí, Eloí, lemá sabakhthaní*[28] —, sempre as traduz. E também explica os costumes judaicos: lavar as mãos[29], o primeiro dia dos ázimos[30], a Parasceve[31].

São Marcos escreveu o seu Evagelho diretamente para cristãos de Roma vindos do paganismo. Por isso, usa frequentes latinismos, e só ele diz que Simão Cireneu era pai de Alexandre e de Rufo[32], naturalmente por se tratar de dois cristãos conhecidos dos fiéis na capital do Império[33]. Por outro lado, sublinha o significado do Evangelho para os gentios — os não judeus, os pagãos —, citando todo um texto de Isaías: *A minha casa será chamada casa de oração*, de que Mateus suprime a última parte: *para todos os povos*[34]; além disso, evita o que poderia melindrar os cristãos da gentilidade, omitindo, por exemplo, as palavras de Jesus à cananeia: *Não fui enviado senão às ovelhas tresmalhadas da casa de Israel*[35].

São Lucas

São Lucas é o único escritor do Novo Testamento que inicia a sua obra com um prólogo de autor, mas sem revelar a sua identidade, embora se apresente como alguém que *investigou tudo cuidadosamente desde o princípio* e que pretende *fazer uma narração ordenada*[36]. São Paulo fala dele com grande afeto, como *médico caríssimo*, vindo da gentilidade[37], e como o único que não o abandonou na sua última prisão em Roma[38].

Pode-se provar, pela análise comparada dos Atos dos Apóstolos e do terceiro Evangelho, que é ele o autor de ambas as obras. Eis, em resumo, a argumentação: o autor de Lucas e dos Atos é o mesmo, como se pode provar pelo prólogo de ambas as obras. Ora, o autor dos Atos é um companheiro de Paulo na segunda e terceira viagens de missão e também na ida da prisão de Cesareia para Roma, uma vez que nos Atos aparece uma série de passagens em que o autor escreve na primeira pessoa do plural (as chamadas "*perícopes-nós*"[39]). Estas passagens foram incorporadas nos Atos sem mudar o pronome "nós" para "eles", pela simples razão de que o autor delas — talvez umas notas de viagem — era o mesmo dos Atos. Se excluirmos quem nessa obra é nomeado pelo nome, só nos resta Lucas como possível companheiro de Paulo durante essas viagens.

O Evangelho de São Lucas é dedicado a um cristão notável, *excelentíssimo*, chamado Teófilo[40], mas é destinado a fiéis não procedentes do judaísmo, uma vez que explica as instituições judaicas, como a festa dos ázimos[41], e não faz as referências à lei judaica que São Mateus faz em passagens paralelas. Que este Evangelho se destinava a cristãos vindos do paganismo vê-se pela omissão de coisas que poderiam ser um pouco duras para eles, como o episódio da cananeia e a proibição de ir às terras dos gentios[42]. E, por outro lado, por toda a parte aparece a universalidade da missão de Jesus, a salvação que Deus preparou *ao alcance de todos os povos, como luz para se revelar aos pagãos*[43].

São João

No Evangelho segundo São João, não se diz o nome do seu autor e, coisa estranha, não se nomeia nenhum João a não ser o Batista, que é designado simplesmente por João. No entanto, fala-se cinco vezes do *discípulo a quem Jesus amava*[44]. Ora, sabemos por Jo 21, 20.24 que é este discípulo o autor deste Evangelho. Trata-se então de pesquisar, dentre o grupo dos Doze, quem era esse discípulo a quem Jesus amava. Sabe-se que havia três prediletos: Pedro, Tiago e João. Como não podem ser nem Pedro nem Tiago, terá forçosamente que ser João. Com efeito, Tiago morreu muito cedo, ainda antes do ano 44, e Pedro aparece por três vezes contraposto ao "discípulo amado"[45]. A circunstância de nunca se nomear no quarto Evangelho nenhum dos filhos de Zebedeu (Tiago e João) confirma a autoria joanina: a humildade do discípulo amado levou-o a omitir o seu nome, bem como o do seu irmão Tiago, embora se fale uma vez genericamente de ambos[46]. A análise interna do quarto Evangelho deixa ver que se trata de um autor que era judeu e que tinha convivido com Jesus.

A atribuição do quarto Evangelho ao Apóstolo João tem sido constante. Apenas no século II alguns o atribuíram a um herege gnóstico e, no século XIX, Bretschneider, seguido por outros, atribuiu-o a um certo João Presbítero, distinto de João Apóstolo, alegando que a sua elevada Cristologia e Teologia exigiriam uma época tardia, por volta de meados do século II, e que *o discípulo que Jesus amava* não seria mais do que um símbolo ou tipo do verdadeiro discípulo de Jesus. Estas posições negativas têm vindo a perder interesse e seguidores. Mesmo autores não católicos atuais — como Dodd, Jeremias, Lightfoot etc... — defendem a autenticidade apostólica do quarto Evangelho.

Por outro lado, para explicar certas dificuldades que o texto de São João apresenta — concretamente, a dupla conclusão[47], aparentes textos duplicados[48] etc. —, pensa-se que este Evangelho pode ter sido fruto de uma sucessiva elaboração, o que seria muito normal e compreensível. Também é provável que tenha colaborado na redação da obra um grupo de discípulos do Apóstolo — que se autodenomina *aquele que viu e atesta*[49] —, os quais atuariam sob a sua orientação e autoridade; daí a primeira pessoa do plural, *nós*, que por vezes aparece: *e nós sabemos que é verídico o seu testemunho*[50]. Convém recordar que, mesmo que São João, o antigo pescador da Galileia, não dominasse a técnica da escrita, isso não o impediria de ser o verdadeiro autor que garantisse a autenticidade do seu testemunho e da obra que lhe é atribuída, tanto mais que o costume, na época, era ditar as obras a um escrevente, que por vezes era tradutor simultâneo.

Os destinatários do quarto Evangelho não eram os cristãos vindos do judaísmo, mas os do paganismo, pois costuma explicar palavras hebraicas — *rabi*[51], *raboni*[52], *messias*[53], *kefá*[54], *Siloé*[55], *Gabathá*[56] — e costumes judaicos, como o de os judeus não se darem com os samaritanos[57], ou a razão de não quererem contrair impureza legal com a entrada no pretório, *para poderem celebrar a Páscoa*[58]; um outro indício é a circunstância de designar os inimigos de Jesus simplesmente como *os judeus*.

QUANDO FORAM ESCRITOS OS EVANGELHOS

Assim como os quatro Evangelhos não trazem a assinatura dos autores, segundo o costume da época, também não nos indicam a data em que foram escritos. No entanto, pelas referências da antiquíssima Tradição e pelos dados do texto, podemos estabelecer alguns limites em que se enquadra a sua redação.

A crítica racionalista do século XIX, numa tentativa de "explicar" o maravilhoso e o sobrenatural da vida de Jesus como algo lendário — especialmente os milagres, o anúncio da destruição de Jerusalém, a Ressurreição e a divindade do Senhor —, propôs a tese de uma redação tardia de todos os Evangelhos, especialmente do de São João, que chegou a datar da segunda metade do século II. Hoje, pode-se dizer que já não há ninguém que não reconheça que pelo menos o Evangelho de São Marcos é anterior ao ano 70, data da destruição de Jerusalém pelos exércitos romanos. Com efeito, a análise de Mc 13, que contém o anúncio do fim da Cidade Santa, leva a concluir que se trata de uma verdadeira profecia antes do acontecimento; caso contrário, os termos usados seriam mais explícitos. Mas há mesmo autores que pensam que se deve fazer recuar a redação de São Marcos para cerca do ano 50, sobretudo a partir da recente identificação de manuscritos das grutas do Mar Morto feita pelo Pe. José O'Callaghan*.

Mas pode-se precisar ainda mais a data. Vejamos. O Evangelho de São Marcos é anterior ao de São Lucas, pois serviu-lhe de fonte. E se o Evangelho de São Lucas é anterior aos Atos, e este livro foi escrito pelo ano 63 — por altura da libertação de São Paulo em Roma, tendo em conta a forma abrupta e otimista como a obra termina, sem se referir ao martírio de Paulo em Roma —, teríamos de situar Marcos por volta do

* Trata-se de papiros achados na gruta n. 7 situada à parte das restantes e em que todos os manuscritos são papiros e em grego; entre eles teríamos: Mc 6, 52-53 (1Q5), Mc 4, 28 (7Q6'), Mc 12, 17 (7Q7) e Mc 6, 48 (7Q15). A leitura feita por este notável papirólogo espanhol começa a ter grande aceitação entre os críticos. Sendo verdadeira esta leitura, teríamos que fazer recuar muito a redação do Evangelho de São Marcos, a fim de dar tempo a que o escrito cristão publicado em Roma chegasse ao ambiente dos monges judeus do deserto de Khumran, que desapareceram no ano 68, depois de terem escondido numas grutas os seus manuscritos, só recentemente encontrados. Também a forma escrita destes papiros corresponde ao ano 50.

ano 60. Isto estaria de acordo com o testemunho de Clemente de Alexandria[59], que afirma que Marcos escreveu ainda durante a vida de Pedro. Mas há outros autores que, apoiando-se em Santo Ireneu — que, como vimos acima, diz ter Marcos escrito após a partida (morte) de Pedro[60] —, atrasam a redação para cerca do ano 64 ou mesmo 67, datas prováveis do martírio do Príncipe dos Apóstolos, mas sempre antes do ano 70.

Quanto ao Evangelho de São Mateus, toda a Tradição o apresenta como o primeiro Evangelho, mas temos de distinguir a sua primitiva redação em aramaico (que se perdeu) da sua forma definitiva (não mera tradução) em grego. Esta é, sem dúvida, posterior a São Marcos, mas também, com mais segurança, anterior ao ano 70. Com efeito, apesar de tudo o que se diga, o anúncio da destruição de Jerusalém não seria tão vago e confuso se tivesse sido redigido depois do episódio já consumado.

Já nos referimos à data da redação do Evangelho de São Lucas, por volta do ano 62. Outros, os que atrasam a redação de São Marcos, preferem colocá-lo entre 67 e 70. De qualquer modo, consideramos que, embora o anúncio da destruição de Jerusalém esteja mais pormenorizado neste Evangelho[61] do que nos outros dois Evangelhos sinóticos, não há motivo suficiente para considerar a cidade já destruída; além disso, após a sua destruição, já não faria sentido a importância central que São Lucas dá a Jerusalém e ao templo na redação do seu Evangelho.

Quanto ao Evangelho de São João, a publicação em 1935 do Papiro de John Rylands, que contém cinco versículos do capítulo 18, veio a descartar completamente a hipótese de uma redação tardia, pois a data desse papiro achado no Egito é de cerca do ano 125. E não vamos falar da recente opinião do insuspeito J. M. Robinson, que o considera o primeiro Evangelho, escrito por volta do ano 50. Habitualmente, é situado por volta do ano 100, em Éfeso. Santo Efrém, contudo, situa-o em Antioquia, o que explicaria melhor o seu influxo nos escritos de Santo Inácio de Antioquia, martirizado no ano 107.

O CONTEÚDO E A ESTRUTURA DOS EVANGELHOS

O conteúdo de todos os quatro Evangelhos é, em linhas gerais, o mesmo. Embora cada um comece à sua maneira, todos coincidem no essencial da apresentação de Jesus e da sua mensagem, de acordo com os dados do discurso de São Pedro em casa do centurião Cornélio em Cesareia:

> *Vós sabeis o que se passou em toda a Judeia, a começar pela Galileia, depois do batismo que João pregou: como Deus ungiu Jesus de Nazaré com o Espírito Santo e com poder, e como ele passou fazendo o bem e curando todos os que eram oprimidos pelo diabo, porque Deus estava com ele. E nós somos testemunhas de tudo o que ele fez na região dos judeus e em Jerusalém, ele precisamente a quem deram a morte, suspendendo-o num madeiro. Mas Deus ressuscitou-o ao terceiro dia e concedeu-lhe a graça de aparecer, não a todo o povo, mas às testemunhas de antemão designadas*

> *por Deus, a nós que comemos e bebemos com ele, depois de ter ressuscitado dentre os mortos. E ele mandou-nos que pregássemos ao povo e déssemos testemunho de que precisamente ele é que foi constituído por Deus como Juiz dos vivos e dos mortos. Acerca dele todos os profetas dão testemunho de que quantos creem nele recebem, pelo seu nome, o perdão dos pecados*[62].

Neste discurso, temos a estrutura comum dos quatro Evangelhos: uma introdução, o corpo do Evangelho em três partes e um epílogo. E também o plano de fundo comum: o cumprimento das Escrituras, que são continuamente citadas, de forma explícita e implícita, para que se veja que *acerca dele todos os profetas dão testemunho*, e que o Evangelho tem por fim levar as pessoas a *crer em Jesus* para assim virem a receber o perdão dos pecados.

1. A *introdução* inclui:

A preparação da atividade salvadora de Jesus com o *batismo que João pregou*; João anuncia o Messias; batiza Jesus, que se revela cheio *do Espírito Santo (ungido)*; Jesus escolhe os discípulos que depois haverão de ser *as testemunhas de tudo o que ele fez*.

2. O *corpo do Evangelho* inclui:

O ministério de Jesus, *a começar pela Galileia*, com a pregação constante do Reino e a realização de sinais e milagres: *Ele passou fazendo o bem e curando todos os oprimidos pelo diabo, porque Deus estava com ele.*

O ministério *na região dos judeus e em Jerusalém*; a oposição das autoridades judaicas cresce até que decidem dar-lhe a morte, para a qual Ele caminha decididamente.

A Paixão, Morte e Ressurreição de Jesus, o ponto culminante de todo o Evangelho, em virtude do seu valor salvífico. Por isso, todos os evangelistas aqui se detêm com pormenor, e é onde se dá a maior coincidência de todos os quatro evangelistas; São João dedica 9 dos 21 capítulos do seu Evangelho a esta secção da última fase da vida do Senhor — *a quem mataram, suspendendo-o num madeiro; mas Deus ressuscitou-o ao terceiro dia.*

3. O *epílogo* inclui:

A missão universal dos Apóstolos: *Mandou-nos que pregássemos ao povo e que déssemos testemunho de que precisamente ele foi constituído por Deus como Juiz de vivos e mortos*[63].

DIFERENÇAS E CONCORDÂNCIAS ENTRE OS QUATRO EVANGELHOS

As diferenças de conteúdo e de estrutura são relativamente pequenas nos três primeiros Evangelhos, mas relativamente grandes entre estes e São João.

Com efeito, São João narra fundamentalmente a atividade de Jesus em Jerusalém, aonde sobe por quatro vezes, ao passo que os outros três Evangelhos narram a que se desenvolve na Galileia até à Paixão. João fala de pelo menos três festas da Páscoa, e os outros só se referem a uma. Em sete milagres que São João conta e a que chama *sinais*, só dois são comuns aos outros: a primeira multiplicação dos pães e o caminhar sobre o lago. Mas a maior diferença está nos discursos, que em João obedecem a um tema unificador, partindo de um acontecimento ou de um diálogo pessoal até alcançarem uma grande profundidade doutrinal; por vezes, não se sabe bem onde acabam as palavras de Jesus e onde começa a reflexão do evangelista[64].

No entanto, não há que exagerar ou admirar-se das diferenças, pois é sempre o mesmo

Jesus e a mesma mensagem, embora vistos de perspectivas diferentes. Com efeito, em São João, Jesus também atua na Galileia[65], e nos outros Evangelhos também há indícios de que Jesus atuou diversas vezes na Judeia antes da Páscoa da paixão, como o denuncia aquele lamento: *Jerusalém, Jerusalém, quantas vezes eu quis ajuntar os teus filhos, como a galinha ajunta os pintainhos debaixo das asas, e não quiseste!*[66]

Por outro lado, as semelhanças, mesmo literais, entre os três primeiros Evangelhos — Mateus, Marcos e Lucas — são tantas que se podem transcrever em três colunas paralelas, permitindo assim uma visão de conjunto, ou *Sinopse*, quer das semelhanças, quer das diferenças entre eles. Por este aspecto, convencionou-se chamar-lhes *Evangelhos sinóticos*.

Como resultado deste trabalho de comparação, verificamos que os três Sinóticos contêm cerca de 350 versículos comuns a todos; uns 175 comuns a Mateus e Marcos; cerca de 50 comuns a Marcos e Lucas; e uns 235 comuns a Mateus e Lucas.

A *questão sinótica* trata de tentar determinar quais as causas que justificam esta "concordância discordante". Há diversas teorias, em geral complicadas, sem se encontrar uma solução definitiva para a questão, uma vez que temos de nos mover no campo das hipóteses, postulando a existência de diversas fontes prévias*.

A FORMAÇÃO DOS EVANGELHOS

É um tema apaixonante o da história da formação dos Evangelhos. Antes de mais, deve-se ter em conta que todo esse processo, desde a pregação de Jesus até à redação final dos quatro Evangelhos, foi dirigido por Deus, de tal modo que "as coisas reveladas por Deus, contidas e manifestadas na Sagrada Escritura [...], foram escritas por inspiração do Espírito Santo", e por isso "têm Deus por autor"[67].

Mas não se trata de nenhum livro caído do céu, à maneira do que pretende ser o Corão maometano. Com efeito, na elaboração dos Evangelhos, dá-se uma colaboração misteriosa entre a

* Alguma vez estas fontes encontram-se suficientemente classificadas, como é o caso de um Mateus primitivo aramaico (fonte Q), fontes especiais para Lucas, Marcos como fonte comum de Lucas e Mateus grego; mesmo assim, porém, nunca se pôde determinar com certeza o número dessas fontes, nem a sua amplitude, nem o seu influxo.

Onipotência de Deus e a liberdade do homem, pois "Deus escolheu e serviu-se de homens na posse das suas faculdades e capacidades para que, agindo neles e por eles, pusessem por escrito, como verdadeiros autores, tudo aquilo e só aquilo que Ele queria"[68].

É legítimo, portanto, e conveniente procurar saber qual foi o caminho seguido pela Providência de Deus para que o depósito tão precioso dos quatro Evangelhos — que contêm a Palavra de Deus e são Palavra de Deus — tenha sido confiado à Igreja.

Acabamos de dizer que eles não são um bólido que tenha caído do céu, nem foram ditados por Deus mecanicamente a uns copistas. Mas também Deus não os fez nascer da terra como os cogumelos, da noite para a manhã: são o fruto maduro de um longo processo de formação, difícil de precisar nos seus pormenores, mas bastante evidente nas suas linhas gerais. É um processo em que se conjugam harmoniosamente o humano e o divino, processo misteriosamente guiado pelo Espírito de Deus.

Para simplificar e encaminhar corretamente o estudo da formação dos Evangelhos, o fiel cristão parte de dois dados fundamentais evidentes:

1. Os evangelistas, escolhidos por Deus para nos deixarem os quatro Evangelhos, foram *testemunhas que se tornaram ministros da Palavra*[69], testemunhas de Jesus Cristo, da sua vida, da sua obra, da sua mensagem: uns eram Apóstolos (Mateus e João) e, portanto, testemunhas imediatas; outros eram os chamados *varões apostólicos* (Marcos e Lucas), testemunhas mediatas, ligadas diretamente aos Apóstolos.
2. Antes de ser escrito, o Evangelho foi transmitido oralmente, *desde o início*[70], isto é, desde o dia de Pentecostes[71].

Na história da formação dos Evangelhos, distinguem-se três etapas fundamentais, a saber: 1ª. a pregação de Jesus com a sua vida e a sua palavra; 2ª. a primeira pregação (*kérigma*) e a catequese dos Apóstolos e seus colaboradores; 3ª. a redação dos quatro Evangelhos.

A PRIMEIRA ETAPA

Esta é a base sólida dos quatro Evangelhos: a vida e a pregação do Senhor. Ele pregou o Reino de Deus, que vinha instaurar, e expôs a sua doutrina de forma adaptada aos ouvintes, através de parábolas e frases fáceis de fixar, explicando tudo pacientemente aos Apóstolos e realizando milagres que levavam as pessoas a ter fé nEle. Além disso, a sua vida exemplar, a sua entrega ao Pai, a sua Paixão, Morte, Ressurreição, Ascensão e envio do Espírito Santo constituem o Evangelho vivo, a fonte de salvação de toda a humanidade.

Com a Ressurreição e a efusão do Espírito Santo, os Apóstolos passaram a entender claramente a *divindade* de Jesus[72] e o profundo sentido salvador de toda a sua vida, o sentido das Escrituras[73], bem como toda a verdade revelada[74]: *Quando ressuscitou dentre os mortos, os seus discípulos recordaram que ele o tinha dito e creram na Escritura e nas palavras que Jesus dissera*[75].

A SEGUNDA ETAPA

Também a etapa que se seguiu ao Evangelho vivo das palavras e da vida de Jesus, a etapa da pregação apostólica, veio a influenciar decisivamente a forma que o Evangelho escrito viria a tomar.

Esta pregação assumia fundamentalmente duas formas. Tínhamos, por um lado, *a primeira pregação* (em grego, *kérigma*), voltada para a conversão tanto de judeus como de pagãos. Consistia numa proclamação do acontecimento da Morte e Ressurreição de Jesus, com algumas referências à sua vida terrena, e do seu valor, absoluto e definitivo, para a remissão dos pecados e para uma nova vida ("conversão", em grego, *metánoia*). Temos no livro dos Atos e nas Epístolas de São Paulo alguns exemplos do que era essa primeira pregação (At 2, 22-40; 3, 12-26; 10, 37-43, texto que já transcrevemos acima).

Por outro lado, tínhamos a *catequese* (em grego, *didakhê*) para a formação dos convertidos, em ordem a um maior esclarecimento da fé, a uma vivência cristã mais perfeita e a poderem dar *as razões da sua esperança*[76].

Os primeiros cristãos teriam uma grande avidez de conhecer em pormenor a vida do Senhor, sobretudo as suas palavras, os seus milagres, a sua pessoa, particularmente o que se referia à sua Paixão, Morte e Ressurreição: eles *eram assíduos ao ensino dos Apóstolos*[77]. Este ensino não era uma exposição de teorias ou de sistemas de pensamento religiosos, mas, no dizer de São João, *aquilo que nós ouvimos, aquilo que vimos com os nossos olhos, aquilo que contemplamos e as nossas mãos tocaram, acerca do Verbo da vida..., é o que vos anunciamos*"[78].

Muito cedo os Apóstolos agregaram a si colaboradores para o primeiro anúncio e para a catequese; entre eles sobressaem aqueles que, pela sua memória e poder de síntese, tinham o dom (*kharisma*) de relatar em fórmulas fixas e sintéticas, facilmente memorizáveis, os ditos e feitos de Jesus. Estes vêm a merecer o nome de *evangelistas*[79], muito antes de qualquer escrito evangélico; um deles era o diácono Filipe[80].

É evidente que houve um período anterior a qualquer escrito em que a pregação dos ditos e feitos de Jesus tomou formas estereotipadas, que vieram a fornecer os diversos moldes já bem definidos para a redação dos Evangelhos. Tem havido diversos ensaios para classificar esses elementos ou formas literárias, mas sem outras bases de trabalho que o texto dos Evangelhos; daí a enorme diversidade de hipóteses com êxito mais ou menos discutível.

O mais interessante e o mais seguro parece ser, por um lado, que havia uma série de relatos — milagres, controvérsias, episódios — que tinham como centro um *dito* de Jesus, em que este é o verdadeiramente importante, de tal modo que os pormenores do relato, que seria de esperar que fossem contados, são reduzidos ao mínimo. Apenas um exemplo: no episódio das crianças que são levadas a Jesus para serem abençoadas, haveria muitos pormenores interessantes e até divertidos, como talvez as suas irreverências para com o Mestre, próprias do à-vontade das crianças com os mais velhos; mas todo o relato é reduzido à forma mínima para que as palavras de Jesus sejam relevantes[81].

Por outro lado, temos relatos em que o acento recai sobre o próprio *milagre* de Jesus, sendo contados pormenores que põem em evidência a ação milagrosa do Senhor, mais do que a sua palavra. Estes relatos têm uma estrutura comum: as circunstâncias em que se deu o episódio, a própria ação milagrosa, o efeito produzido[82].

Por fim, outros relatos ainda têm como objetivo primário apresentar a *pessoa* de Jesus, como o relato da cananeia, que deixa ver, não tanto a cura da filha doente, mas a atitude de Jesus para com os pagãos[83].

Não foi a comunidade cristã primitiva que criou os relatos, pois nem sequer tinha necessidade disso, quando dispunha de abundantes episódios da vida de Jesus, perfeitamente conhecidos pelas *testemunhas oculares que se tornaram ministros da Palavra*[84], revestidos de uma autoridade reconhecida por todos, como nos referem as Epístolas de São Paulo e os Atos dos Apóstolos: ai de quem pregasse um *evangelho diferente* ou se atrevesse a *alterar o Evangelho de Cristo, ainda que fosse um anjo do céu a anunciá-lo! Que seja anátema*[85].

Há que dizer, porém, que, nesta fase da tradição oral, o que se pregou foi um Evangelho vivo e, portanto, exposto em face das necessidades dos fiéis, que determinariam a seleção das parábolas, dos ditos e feitos de Jesus e a maneira de os contar e interpretar. Também a circunstância de se contarem as coisas de modo disperso deve ter levado a que se viesse a perder muitas vezes a sua sequência cronológica e espacial, coisa de menor importância para o objetivo da pregação do Evangelho.

Não se pode esquecer que o Espírito Santo, que guiava a Igreja para "a verdade total"[86], presidia a todo este trabalho. O Espírito Santo, que é o "Espírito de Deus" e o "Espírito da Verdade", é transcendente e não se pode confundir com o simples fervor, o entusiasmo religioso do espírito de cada fiel ou de uma comunidade "carismática".

Outro aspecto importante a ter em conta é a preponderância e autoridade dos Apóstolos na formação e no desenvolvimento da tradição oral, principalmente o papel de São Pedro, posto pelo Senhor à frente do Colégio Apostólico[87]. O livro dos Atos realça a iniciativa de Pedro na configuração da transmissão dos feitos e das palavras do Senhor que temos nos Evangelhos sinóticos. Ora, isto se deve não apenas à circunstância de o Evangelho de Marcos ser o "Evangelho de Pedro", de quem Marcos o ouviu diretamente em Roma, tendo vindo depois a servir de fonte para os outros evangelistas, mas também ao fato de Pedro ter pregado em Jerusalém e em Antioquia, comunidades onde surgiram os Evangelhos de Mateus e de Lucas.

A TERCEIRA ETAPA

Ainda na etapa anterior da transmissão oral do Evangelho, antes de aparecer qualquer Evangelho escrito, verificaram-se tentativas de fixar essa transmissão por escrito, pois as testemunhas oculares começavam a dispersar-se e até a desaparecer; assim era mais fácil e mais seguro o trabalho dos pregadores e catequistas. Apareceram, pois, coleções de ditos e feitos de Jesus, de extensão variável, que desapareceram para sempre ao serem de alguma maneira integradas nos Evangelhos canônicos.

Não há dúvida de que esses escritos existiram, pois São Lucas fala de que *muitos* empreenderam antes o mesmo trabalho que ele vai fazer, isto é, a ordenada narração por escrito do que dizia respeito a Jesus[88]. Por mais que relativizemos esse *muitos*, não se pode pensar apenas nos Evangelhos canônicos de Mateus e de Marcos.

O importante é que os evangelistas, inspirados pelo Espírito Santo, se abalançaram a uma obra em que puseram todo o seu empenho e engenho. Mal pensariam que — movidos por Deus — legavam à Igreja a obra mais notável de toda a história da humanidade, pois jamais houve livros tão lidos, tão copiados, traduzidos, editados, tão estudados e tão venerados!

Para levarem a cabo a sua obra, serviram-se da pregação apostólica, que já tinha adquirido formas bastante estereotipadas, e das suas recordações pessoais. Serviram-se do material escrito anteriormente, mas não se limitaram a ser meros compiladores desse material. Como verdadeiros autores, imprimem-lhe um cunho pessoal, uma ordem e uma redação apropriada aos seus leitores imediatos, pondo o acento nas coisas que correspondiam às necessidades deles.

É por isso que cada Evangelho revela uma determinada visão teológica própria e uma particular preocupação doutrinal. Em função de tudo isto, *selecionaram* o que lhes pareceu mais importante, *resumiram* e *agruparam* elementos discursivos e narrativos à volta de um tema ou de um lugar, e também *explicaram* o sentido mais profundo do que narravam, nomeadamente mostrando como se cumpriam as profecias em Jesus[89]. Em todo este trabalho, foram guiados e iluminados pelo carisma da inspiração do Espírito Santo, para nos "ensinarem com certeza, fielmente e sem erro, a verdade que Deus quis que fosse consignada nas Sagradas Letras, para a nossa salvação"[90]; mas isto se deu sem que nunca fosse alterada a personalidade de cada evangelista e o seu cunho pessoal de escritor.

CARACTERÍSTICAS DE CADA EVANGELHO

Como acabamos de ver, o conjunto da obra inspirada pelo mesmo e único Espírito Divino manifesta claramente a individualidade de cada redator, o cunho pessoal de cada um dos evangelistas. Cada evangelista deixou-nos o seu "retrato" de Cristo. Contemplada assim de diversas perspectivas, a imagem de Cristo não é desfigurada, mas brilha para nós com mais relevo e beleza. Esta diversidade dá-se nos diversos campos, nas técnicas estilísticas de composição, na estrutura da obra, na preocupação doutrinal e teológica.

O Evangelho de São Mateus

Como simples amostra das características literárias de São Mateus, podemos verificar a sua concisão e sobriedade, aliada a um certo hieratismo; basta comparar como é relatada nos três Sinóticos a cura do paralítico de Cafarnaum[91], ou a cura dos endemoninhados de Gerasa[92], ou a cura da sogra de Pedro[93]. São Mateus despe esses relatos dos elementos episódicos, deixando assim sobressair a figura amável de Jesus e o seu poder.

Uma das primeiras características doutrinais do Evangelho de São Mateus é que é o Evangelho dos *discursos de Jesus*. Há quem pense que São Mateus agrupou os ensinamentos do Senhor em cinco grandes discursos, a fim de apresentar o Evangelho como a Nova Lei e Jesus como o novo Moisés, pois escrevia para cristãos vindos do judaísmo, instruídos nos cinco livros do Pentateuco mosaico. Em São Lucas, os mesmos ensinamentos aparecem dispersos e noutra ordem. Esses discursos são: o sermão da montanha (capítulos 5 e 7), o da missão (10), o das parábolas (13), o "eclesiástico" (18) e o escatológico (24 a 25). Encontramos ainda outros discursos mais pequenos[94].

Outra característica é ser o *Evangelho do cumprimento das profecias*, que são mais citadas que nos outros Evangelhos, pois tinham mais interesse para a evangelização dos judeus, a fim de permitir que compreendessem Jesus como o Messias. Mas, ao mesmo tempo, revela-se outro aspecto neste Evangelho: *a rejeição do Messias*. Esta tinha sido prevista pelos Profetas[95] e estava na linha das anteriores infidelidades do povo para com Deus[96].

O Evangelho de Mateus é chamado o *Evangelho do Reino*, de que fala 51 vezes, quase sempre com a expressão *Reino dos céus*, devido ao costume judaico de evitar, por respeito, o nome de Deus. Jesus vem instaurar esse Reino: é uma intervenção soberana e misericordiosa de Deus na vida do povo para o salvar, libertando-o da escravidão do pecado, do demônio e da morte eterna. Jesus explica este Reino; o seu programa (capítulos 5 e 7), as normas para ser proclamado (10) e a sua natureza (13) são expostas por meio de parábolas, e depois indicam-se as condições dos seus membros (18) e a sua consumação no fim dos tempos (24 a 25).

A *divindade de Jesus* é posta em evidência de diversas maneiras: Jesus é o Filho de Deus em sentido único e transcendente — igual ao Pai e ao Espírito Santo[97]; tem um poder e uma sabedoria iguais aos do Pai[98]; e possui a mesma autoridade de Deus: *Foi dito* (por Deus) *aos antigos, e Eu vos digo*[99].

Finalmente, o Evangelho de Mateus é chamado o *Evangelho eclesiástico*, pois não só refere três vezes o nome *Igreja*[100], como fala dela nas parábolas e anuncia a sua fundação com a promessa que Jesus faz a Pedro do primado de governo[101]. A Igreja aparece figurada na barca de Pedro no meio da tempestade[102] e insinuada como o novo e verdadeiro Israel na parábola dos vinhateiros homicidas[103].

O Evangelho de São Marcos

São Marcos não apresenta os discursos do Senhor, a não ser o das parábolas, no capítulo 4, e o escatológico, no capítulo 13, embora aluda com frequência à sua atividade de ensino.

Este evangelista deixa ver — a par da simplicidade de estilo e vocabulário — uma grande vivacidade, colorido e realismo de pormenores nas narrações. Assim, na cura da sogra de Pedro, pormenoriza que Jesus *entrou em casa de Simão e André junto com Tiago e João*, e também que *a levantou pela mão*[104]; na cura do paralítico de Cafarnaum, fala de quatro homens que o transportavam[105]; diz que a filha de Jairo *começou a andar, pois tinha doze anos*[106]; na tempestade no lago, Jesus, no barco, *estava na popa*, a dormir *sobre uma almofada*[107]; é o único que refere o nome do cego de Jericó, *Bartimeu*[108]; é ele quem conta o episódio (autobiográfico?) do jovem que, na prisão de Jesus, o seguia envolto apenas num lençol e que fugiu nu quando ia ser agarrado[109].

Esta riqueza de pormenores deve ser o reflexo do modo vivo como Pedro contava, com uma emoção que não desaparecera com o passar dos anos, as coisas que tinha presenciado e vivido tão de perto. Por outro lado, a vivacidade do estilo de São Marcos mostra-se no uso mais frequente do presente histórico e do discurso direto, o que nos permite saborear as mesmas palavras e o modo como Jesus as disse, traduzidas literalmente do aramaico (que, como antes vimos, muitas vezes tem o cuidado de conservar) para o grego.

Como os outros evangelistas, também Marcos mostra que Jesus é o *Messias prometido*, mas insiste na sábia pedagogia usada pelo Senhor para evitar que o confundam com mais um messias terreno: não permite que se divulgue a sua condição de Messias e prefere chamar-se *o Filho do Homem*, um título mais discreto, que para as multidões poderia soar simplesmente como "este homem", um asteísmo para dizer "Eu", mas que, para bom entendedor, era um título messiânico, com origem na profecia de Daniel[110], designando um messianismo transcendente.

De qualquer maneira, parece que São Marcos insiste na falta de compreensão da autêntica missão de Jesus por parte dos homens e — mesmo após a confissão de fé de Pedro, cena central do Evangelho[111] —, também por parte dos próprios discípulos.

São Marcos pretende que o seu leitor tenha uma noção bem clara da *divindade de Jesus*, sem a qual nada se pode entender do seu Evangelho. Assim, o seu escrito, que de muitas formas deixa ver a condição divina de Jesus, abre com um título expressivo: *Princípio do Evangelho de Jesus Cristo, Filho de Deus*, e como que se encerra com a confissão de fé do centurião que contempla a morte do Senhor: *Verdadeiramente, este homem era Filho de Deus!*

O Evangelho de São Lucas

São Lucas mostra a maior perfeição no estilo e no uso da língua grega, como se pode ver pela elegância do seu prólogo. O seu grego é de sabor ático, próprio do helenismo literário, mas aparece frequentemente imbuído de expressões do helenismo vulgar (*koinê*) e de hebraísmos, o que se deverá, ou ao gosto de imitar o grego da

Septuaginta, ou, mais provavelmente, à sua fidelidade e adaptação às fontes de que dispunha.

Este evangelista revela também *gênio de historiador*, ao usar um prólogo à maneira dos profissionais, ao *resolver investigar tudo com cuidado desde a origem*, ao propor-se na sua narração *descrever os fatos por ordem*. É por isso que, como um historiador sério, sincroniza aquilo que relata com os outros acontecimentos conhecidos da época: para o nascimento de Jesus, o reinado de Herodes na Judeia[112], o edito de César Augusto[113], o recenseamento de Quirino[114]; para a pregação de João Batista, a data do reinado de Tibério César, o governo de Pôncio Pilatos na Judeia, a tetrarquia de Herodes An-tipas, o pontificado de Anás e Caifás[115].

Embora não se preocupe de indicar certas localizações que conheceria pelo menos através das fontes usadas, tem o cuidado de indicar muitos dados do tempo. Neste campo, há certos pormenores que, à primeira vista, parecem incoerentes, como dizer que *Maria ficou com Isabel uns três meses e voltou para sua casa*[116] e só depois narrar o nascimento de João, o que não quer dizer que Maria não tivesse ficado em casa da prima para a ajudar e celebrar tão feliz acontecimento! Trata-se de uma técnica de composição literária chamada "eliminação", muito usada por Lucas, e que consiste em, uma vez apresentado um personagem em cena, contar toda a sua atuação, eliminando qualquer intervenção em cenas seguintes.

O Evangelho de São Lucas é o *mais longo*: embora tenha sido dividido em menos capítulos que o de São Mateus, contém mais 80 versículos. Além disso, quase metade do seu conteúdo não aparece nos outros três Evangelhos.

Quase todas as cenas da infância de Jesus são exclusivas deste Evangelho. Só ele nos conta episódios como o da ressurreição do filho único da viúva de Naim, a unção e perdão da mulher pecadora, a cura dos dez leprosos e da mulher encurvada, a conversão de Zaqueu e do bom ladrão, as mulheres no caminho do Calvário, os discípulos de Emaús. Há também uma série de parábolas que só Lucas refere: as da dracma perdida e do filho pródigo, do rico epulão e do pobre Lázaro, do bom samaritano, do fariseu e do publicano, da mulher que importuna o juiz.

Pelo contrário, a alma fina e delicada de São Lucas omite pormenores que poderiam ser chocantes e de menor interesse para os seus leitores vindos do paganismo, como os episódios da cananeia e da degolação de São João Batista, ou então maçantes por parecerem repetições, como o da segunda multiplicação dos pães e o da unção de Betânia.

Uma das características mais conhecidas da estrutura do terceiro Evangelho é que uma parte importante deste — uns dez capítulos[117] — agrupa uma série de episódios e ensinamentos de Jesus ao longo de um demorado itinerário *a caminho de Jerusalém*. Jerusalém aparece como o foco de todo o Evangelho: os relatos da infância de Jesus, nos dois primeiros capítulos, começam em perfeito paralelismo com a infância do Batista e terminam no Templo de Jerusalém. A preparação da vida pública termina com a última tentação de Jesus no pináculo do Templo, invertendo a ordem de São Mateus[118].

No início da vida pública, que São Lucas começa pelo relato da pregação na sinagoga de Nazaré, porque lhe atribui um alcance programático. Jesus é apresentado como alguém que segue "o seu caminho"; pelo contexto, vê-se que este caminho significa orientar a sua vida para

Jerusalém[119], onde vem a entregar-se à morte, onde aparece ressuscitado (omitindo-se as aparições na Galileia) e onde é elevado ao Céu. São Lucas, que dá grande relevo à Ascensão de Jesus, conclui o seu Evangelho deixando os discípulos no Templo, onde ficam a louvar a Deus; nos Atos, Jerusalém é o foco de irradiação da fé cristã.

São Lucas foca a pessoa de Jesus sob três aspectos preferidos: *Profeta*, *Salvador* e *Senhor*.

Jesus não é simplesmente chamado *Profeta*, como nos outros Evangelhos, mas diz-se que sobre Ele está o Espírito do Senhor e que é o seu enviado[120]. Jesus aparece mesmo como o novo Elias[121], razão por que o evangelista omite tudo o que os outros Sinóticos dizem de João Batista para o apresentarem como Elias.

O título de *Salvador* não aparece em Mateus e Marcos, e, se estes se referem a Jesus com o verbo "salvar", é só no sentido físico, ao passo que, para São Lucas, a salvação de Jesus diz respeito à fé, ao perdão dos pecados, à libertação do demônio e à salvação eterna. Quanto ao título de *Senhor*, se bem que nos outros Evangelhos também as pessoas o utilizem, apenas São Lucas o aplica a Jesus na sua narrativa antes de Ressurreição.

A *universalidade da salvação* é comum a todos os Evangelhos, mas Lucas dá-lhe mais relevo: ela está *ao alcance de todos os povos* e é uma *luz para se revelar aos pagãos*[122]. São Lucas aplica ao Batista o texto de Isaías 40, 5 na sua forma completa, quando os outros omitem a parte final: *e toda a criatura verá a salvação de Deus*[123]. Na missão dos Apóstolos e dos setenta e dois discípulos, Lucas omite o texto dos outros Sinóticos: *Não vades à terra dos gentios nem entreis em casa dos samaritanos*; Jesus repreende Tiago e João que lhe pedem o castigo dos samaritanos[124], o leproso agradecido era samaritano[125], como também o é o homem que acode ao próximo em necessidade[126].

O Evangelho de Lucas é o *Evangelho da bondade e da exigência*. Dante chamou a São Lucas "o secretário da mansidão de Cristo", pois, pelo que só ele refere, fica mais patente a misericórdia do coração de Cristo para com os pecadores: a mulher pecadora[127], Zaqueu[128], o ladrão arrependido[129]. O evangelista apresenta Jesus orando por quem o crucifica[130], detendo o olhar em Pedro que acaba de negá-lo[131] e compadecendo-se da viúva de Naim[132]; revela a misericórdia de Deus transmitindo-nos as parábolas da ovelha e da dracma perdidas e do filho pródigo[133]. Além disso, dá um lugar importante às *mulheres*, então muito desprezadas na sua dignidade[134].

Mas, ao mesmo tempo que o seu relato é o Evangelho da bondade, é também o Evangelho das exigências da vida cristã. Nele aparecem com mais força as exortações de Jesus a levar a cruz *todos os dias*[135], assim como os apelos à pobreza e ao desprendimento de *tudo*[136]. Só Lucas sublinha essa radicalidade do seguimento de Cristo, e só ele conta a parábola do rico insensato[137] e a do pobre Lázaro e do rico epulão[138].

É também mais notável em São Lucas a insistência na *oração*: por um lado, temos as parábolas, que só ele conta, do amigo importuno[139], do juiz injusto[140] e do fariseu e do publicano[141]; por outro lado, é quem apresenta mais vezes Jesus em oração: no Batismo[142], durante toda a noite que precede a escolha dos Doze[143], antes da confissão de Pedro[144], na Transfiguração[145].

Todo o Evangelho de Lucas está mais impregnado que os restantes de um ambiente de *júbilo e louvor*[146], da alegria da boa nova da Redenção. É a alegria do Espírito Santo que faz com que Jesus estremeça[147]; é o Espírito Santo que o invade[148] e aos que o rodeiam[149].

Finalmente, São Lucas é chamado, desde Eusébio de Cesareia (século IV), "o pintor de Maria": depois de Jesus, ninguém é descrito com tanto pormenor, amor e veneração. No Evangelho da infância, deixa-nos o mais belo retrato da Mãe de Jesus, *a Virgem cheia de graça*: o encantador modelo de fé, humildade, obediência, simplicidade e pureza, disponibilidade e espírito de serviço, oração e espírito contemplativo. Com razão, é Lucas quem recorda aquela mulher anônima que, do meio da multidão, felicita entusiasmada tão ditosa Mãe: *Feliz o ventre que te trouxe e os peitos que te amamentaram!*[150]

O Evangelho de São João

São João tem características literárias e doutrinais muito peculiares. Emprega um vocabulário muito típico e reduzido — apenas umas 920 palavras diferentes —, um grego simples e cheio de influências aramaicas. Não registra, como os Sinóticos, os discursos às multidões através de uma linguagem colorida de parábolas e alusões à vida diária, aos lírios do campo e às aves do céu, mas apresenta discursos de Jesus em ambientes distintos, com as palavras do Mestre profundamente meditadas e com uma intenção clara de apresentar o Filho de Deus como a Vida, a Luz, a Verdade, o Pão da Vida, o Revelador do Pai, o Dador da Água, do Espírito e da lei do Amor. Os ensinamentos do Senhor começam, em geral, com uma frase enigmática que provoca um mal-entendido, suscitando a curiosidade que justifica um discurso sobre o tema a explicar, como por exemplo o *nascer de novo*[151] ou a *água viva*[152].

A simplicidade narrativa de São João contrasta com a sua riqueza e profundidade doutrinal. Assim, ao anotar as coisas mais pequenas, fá-lo com uma característica *profundidade de visão*: quando Judas sai do Cenáculo, diz que *era noite*, mas não se trata de uma simples referência temporal, pois parece aludir ao poder das trevas que avançava ao chegar a *hora* de Jesus; ao apresentar Jesus tratando a sua Mãe por *mulher*[153], quer aludir à "nova Eva", a mulher da profecia de Gen 3, 15; ao dizer que as enormes talhas de água das bodas de Caná eram seis e de pedra, parece aludir à Lei de Moisés que se tornou inútil.

O *simbolismo* tão típico do quarto Evangelho insere-se nesta visão profunda de fé; mas não é esta subjetividade que cria os relatos; ela ilumina-os e enche-os de sentido: o sentido da cura do cego de nascença[154] é apresentar Jesus como a *Luz do mundo*, e a água da piscina com que ele se lava simboliza a água do Batismo; a ressurreição de Lázaro mostra Jesus como *a Ressurreição e a Vida*[155]; e o sangue e a água que brotam do lado aberto do Senhor simbolizam a Eucaristia e o Batismo[156].

É interessante notar que São João, como os restantes evangelistas, utiliza muito o recurso ao paralelismo: o desenvolvimento das ideias por expressões paralelas, tanto do mesmo sentido como de sentido oposto. Mas recorre a outra forma muito peculiar, que é desenvolver as ideias de forma progressiva e crescente, à maneira das ondas cada vez mais amplas que se formam à volta de uma pedra lançada a um lago: é o chamado *paralelismo climático*, que deixa ver a grande unidade de composição de toda a obra.

O quarto Evangelho parece estruturado à volta das festas judaicas, mostrando como Jesus põe fim às instituições antigas, e também à volta dos grandes temas joaninos, alguns logo apontados no prólogo, dando-se uma progressiva revelação de Jesus como *Messias* e *Filho de Deus* — o objetivo da obra[157] —, suscitando a cada passo atitudes opostas de fiel adesão e de dramática hostilidade, que levam o evangelista a exclamar num doloroso desabafo ao terminar a primeira parte da sua obra: *Embora tivesse feito tantos milagres diante deles, não acreditavam nEle!*[158]

O cerne do quarto Evangelho é a revelação do mistério da *Encarnação do Verbo*: Jesus é o Filho unigênito e eterno de Deus, encarnado na realidade de uma existência humana concreta, verdadeiro Deus e verdadeiro Homem. Como homem, cansa-se e senta-se à vontade na borda do poço de Sicar[159]; cultiva a amizade com a família de Betânia e chora pelo seu amigo morto[160]. Como Deus, é Um com o Pai: *Eu e o Pai somos um*[161], *o Pai está em mim e eu no Pai*[162], *quem me vê, vê o Pai*[163]. Por isso, os judeus procuravam matá-lo, *porque se fazia igual a Deus*[164], acusação que jamais foi feita contra um homem na história do judaísmo.

Este Evangelho contém a revelação mais clara do mistério da vida de Deus, a *Santíssima Trindade*: um único Deus em três Pessoas iguais e distintas. Com efeito, Jesus é o Filho preexistente no seio do Pai, Filho por natureza e não por adoção; por isso, quando fala dos homens como filhos de Deus, São João usa uma palavra grega diferente (*téknon*) da que usa para Jesus (*Yiós*), que nunca diz "o nosso Pai", mas *o meu Pai e o vosso Pai*[165]. Jesus fala longamente do Espírito Santo, sobretudo no discurso da Ceia: Ele procede do Pai e do Filho, que o enviam aos seus.

Temas centrais são também a *fé* e a *caridade*: *Quem crê no Filho tem a vida eterna. Quem se nega a crer no Filho não verá a vida, mas a ira de Deus permanece sobre ele*[166]. A fé é dom gratuito de Deus e ato livre do homem; é uma adesão total à pessoa de Jesus. Daí que o evangelista use o verbo grego crer (*pisteuein*) com a preposição *eis*, em sentido dinâmico, para exprimir a fé, e com dativo para exprimir um simples acreditar; mas a fé é também aceitar uma série de verdades acerca de Jesus: que Ele é o Messias, o Filho de Deus enviado pelo Pai.

No discurso a Nicodemos, Jesus exclama: *De tal maneira amou Deus o mundo que lhe deu o seu Filho unigênito*[167]. Assim, Jesus censura os judeus pela sua falta de amor a Deus: *Não tendes em vós o amor de Deus*[168]. Este amor implica a adesão incondicional à vontade de Deus, como a de Jesus, cujo exemplo devemos imitar[169]: *O mundo deve conhecer que amo o Pai e que procedo como Ele me ordenou*[170]. O amor ao Pai traz consigo o amor aos que Deus ama, como disse Jesus: *Assim como o Pai me amou, também eu vos amei. Permanecei no meu amor*[171]. Por isso, Jesus deixa-nos *o seu mandamento*, o mandamento do amor: *Dou-vos um mandamento novo, que vos ameis uns aos outros, como eu vos amei... É por isto que todos saberão que sois meus discípulos: se tiverdes amor uns aos outros*[172].

A *Igreja e os sacramentos* aparecem neste Evangelho como parte essencial da *vida em Cristo*, *a vida em seu nome*[173], *a vida eterna*, *o poder de nos tornarmos filhos de Deus*[174]. Assim, a imagem da *verdadeira videira* cujos *ramos* somos nós[175] exprime o mistério da união com Cristo na Igreja e contém uma alusão a que ela é o novo Povo de Deus. O mesmo se diga da alegoria do *bom pastor* e do seu rebanho[176], onde aparece a nota da sua expansão e da sua unidade: *um só rebanho e um só pastor*[177]; a Pedro é confiada a missão de apascentar todo o rebanho, cordeiros e ovelhas[178].

O Batismo tem um lugar privilegiado no quarto Evangelho: o diálogo com Nicodemos é uma verdadeira catequese batismal[179]. Este sacramento está simbolizado na água da piscina de Siloé[180] e sobretudo na água que sai do lado aberto de Cristo morto na Cruz, juntamente com o sangue, símbolo da Eucaristia, sacramento que tem enorme relevo no discurso do Pão da Vida[181]. Os Santos Padres viram nessa cena do Calvário o nascimento da Igreja, Esposa de Cristo, a nova Eva, que sai do lado do novo Adão.

Quanto aos demais sacramentos, o do matrimônio aparece insinuado com a presença de Jesus nas bodas de Caná[182], e o da Confirmação com a promessa do envio do Espírito Santo[183]. Também se pode ver uma alusão à ordenação dos sacerdotes nas palavras da oração sacerdotal[184]. E é pelo Evangelho de São João que conhecemos as palavras da instituição do sacramento da Penitência: *A quem perdoardes os pecados, ser-lhes-ão perdoados; e a quem os retiverdes, ser-lhes-ão retidos*[185].

A *Virgem Maria* aparece em São João no seu papel de intercessora atenta[186] e de corredentora junto à Cruz. Ao entregá-la ao discípulo amado, Jesus não se limita a cuidar de que sua mãe não fique desamparada com a morte do Filho único; acima de tudo, quer proclamar a sua maternidade espiritual sobre todos os redimidos. Por isso, só *depois disto* é que *tudo está consumado*, e não antes[187]; e também chama a Maria *mulher*, isto é, a nova Eva, a Mãe da nova humanidade resgatada. Com efeito, não é que São João ignore o nome de Maria, a quem chama sempre com os títulos de "Mãe de Jesus" e de *Mulher*, mas é que a vê sempre na sua função de Mãe espiritual.

O VALOR HISTÓRICO DOS EVANGELHOS

A crítica histórica, quando livre de preconceitos, pode demonstrar a veracidade histórica dos Evangelhos, isto é, que as narrações que eles contêm correspondem à realidade dos atos e ensinamentos de Jesus. É sumamente interessante verificar que os quatro Evangelhos resistem à análise crítica mais rigorosa e imparcial, pois isto redunda num grande benefício para a própria causa do Evangelho e para a defesa da fé.

É certo que nem sempre os resultados da crítica histórica foram satisfatórios, sobretudo nos começos, pois os estudiosos estavam dominados pelo racionalismo liberal. Mas a verdade é que o cristão não pode nem precisa de estar à mercê dos últimos resultados da crítica racional, sempre provisórios e até contraditórios, sob pena de ter de prescindir da fé para se aproximar de Jesus e dos Evangelhos que a Igreja crê e prega.

"A Igreja defende firme e constantemente que estes quatro Evangelhos, cuja historicidade afirma sem hesitação, transmitem fielmente as coisas que Jesus, Filho de Deus, realmente fez e ensinou durante a sua vida terrena para a salvação eterna dos homens, até ao dia em que subiu ao Céu", diz o Concílio Vaticano II[188]. Em face da realidade dos problemas levantados até hoje, podemos e devemos interrogar-nos se esses problemas são reais e, caso o sejam, se têm uma saída, uma solução coerente com a fé.

Os problemas vieram inicialmente da negação sistemática do sobrenatural, como os milagres, a divindade de Jesus, o valor da Redenção etc., o que levou ao preconceito de considerar estas realidades como lendas e mitos. Foi assim que, no século XIX, todo o afã se centrou em reconstruir a vida de Jesus, expurgada de tudo aquilo que consideravam excrescências da fé, desembocando desse modo na famosa distinção dicotômica entre o *Jesus da história* e o *Cristo da fé*. Exaltaram o "Jesus da história", mas à custa de prescindir da fé, e por isso o Jesus que ficou, ainda que parecesse a figura atraente de mais um rabi da Galileia, não era a realidade de

Nosso Senhor Jesus Cristo. Já não era, é certo, o Cristo "idealizado" pela fé, mas era um Jesus "idealizado" pela falta de fé, verdadeiramente um novo mito!

O grande divulgador deste tipo de "Vidas de Jesus" foi o incrédulo Renan. Sempre foram rejeitadas pelas pessoas de fé, mas os estudos deste gênero estão na origem da heresia modernista.

Já no século XX, a partir do fim da Primeira Guerra Mundial, deu-se uma virada radical, com a introdução da teoria e do método da "história das formas", isto é, dos diversos pretensos elementos que circulavam nas comunidades primitivas e que vieram a dar origem à composição dos Evangelhos. E esta nova orientação dos estudos foi ao ponto de mostrar total desinteresse pela reconstituição histórica da vida de Jesus, não só porque esta teria redundado em fracasso, mas sobretudo porque aparecia como destituída de sentido: o que interessava não era o Jesus da história, de que — segundo diziam — praticamente nada se podia saber, mas sim o *Cristo da fé*.

O expoente máximo desta atitude foi Rudolf Bultmann, para quem o que se pode conhecer é apenas a fé da Igreja em Jesus: a primitiva comunidade, dotada de grande poder criador, elaborou em formas literárias diversificadas a sua fé à volta de Jesus e formulou-a de acordo com as categorias do pensamento mitológico da época. A proclamação dessa fé continua a ser uma válida interpelação para a gente dos nossos dias, mas exigiria — segundo esse e outros autores — que se fizesse um trabalho de "desmitologização", isto é, que fosse desembaraçada dos empecilhos do pensamento "primitivo" para se tornar aceitável, inteligível, ao homem moderno. Para Bultmann, os Evangelhos perdem todo o valor em si e ficam reduzidos a meros despertadores da fé, que é o que vale. E para ele a fé é precisamente aceitar a pregação do incrível, sem qualquer segurança humana como a da história; é aceitar simplesmente o absurdo escândalo de que Deus se revele num homem e precisamente num homem crucificado. Assim, o importante já não seria o Jesus que existiu, tal como existiu no tempo e no espaço, mas sim o que se pensa de Jesus, a pregação sobre Jesus, de acordo com a sua hermenêutica de: "No princípio era a Palavra".

Uma posição tão radical e tão negativa acabou por suscitar reações contra esse ceticismo histórico. Esse exaltar a fé, tirando-lhe o tapete, levava ao desmoronamento da própria fé. Se Jesus e os Evangelhos não são nada *em si*, então de que servem eles *para mim*? Se a pessoa de Jesus não é nada, para que queremos a sua doutrina? Mais ainda, uma fé que seja fideísmo, total abandono sem qualquer base de credibilidade humana, desemboca na incredulidade; é significativo que, no seguimento de Bultmann, encontremos os defensores da *morte de Deus* e da Teologia negativa.

Bultmann passou à história e os críticos que se lhe seguiram recomeçaram todo um novo caminho que lhes permite com segurança alcançar o "Jesus da história", com base em diversos pontos de partida. A reação começou a tomar corpo sobretudo desde 1957, com as conferências de H. Riesenfeld na abertura do congresso do Oxford sobre os quatro Evangelhos. O espantoso é que as ideias de Bultmann só se tenham divulgado e difundido a partir dessa data — especialmente entre alguns partidários da teologia da libertação —, precisamente quando ele já estava superado no mundo da própria crítica racional!

A VERACIDADE DOS EVANGELISTAS

Mas voltemos à questão inicial: quais os problemas reais que a crítica tem levantado e qual a solução coerente com a fé da Igreja e, portanto, a solução correta? Os problemas objetivos com que nos defrontam os estudos críticos dos Evangelhos, nomeadamente a história da formação dos Evangelhos, podem reduzir-se a três:

1. *Os Evangelhos não são uma biografia completa de Jesus.*

É certo que, por não terem os evangelistas pretendido elaborar uma biografia completa e à maneira moderna, falta nos Evangelhos uma cronologia adequada, uma rigorosa sucessão e encadeamento dos acontecimentos, como também faltam muitos outros pormenores importantes para que se possa reconstruir a vida de Jesus passo a passo, num desenvolvimento ordenado. Apenas os relatos da Paixão revelam uma ligação, uma concatenação ordenada entre o que vai acontecendo. Isto é certo, mas não deixa de ser verdade que dispomos de autênticas *memórias* de Jesus, com um grande acervo de dados significativos e sumariamente ordenados, "matéria suficiente e qualificada para nos dar a conhecer Cristo tal como Ele foi" (Patrick Fannon).

2. *Os Evangelhos são uma pregação da fé em Jesus.*

Também isto é verdade; no entanto, deve-se ter em conta que a fé não contamina os fatos, mas ilumina-os no seu verdadeiro significado, mesmo um significado transcendente. Um retrato, obra de um artista pintor, contém mais verdade da pessoa retratada do que a imagem obtida por um fotógrafo, e é mais apreciado por uma pessoa que ama.

Os evangelistas, iluminados e guiados pelo Espírito Santo e vivendo a fé comum da Igreja recebida de Cristo, permanecem como um foco potente de luz, que dá as devidas dimensões e o devido relevo à figura de Cristo e permite saborear o colorido e o matiz de tantos pormenores da vida do Senhor.

Ai de nós se os evangelistas tivessem sido uns frios colecionadores de puros dados biográficos, ou se nos tivessem deixado um filme ou vídeo completo da vida de Jesus, instante a instante, pois talvez tivéssemos mais dificuldade em descobrir o divino que se encerrava numa vida tão autenticamente humana; e, depois de o vermos tão contraditado e tão humilhado pelos seus inimigos, teríamos perdido a vontade de esperar para ver a glória da sua Ressurreição, que, como não esmagou os seus opositores, também poderia já não nos impressionar a nós.

Por outro lado, deve-se reconhecer que o fato de os Evangelhos mostrarem frequentemente Jesus cumprindo as profecias do Antigo Testamento não significa que inventem relatos, à maneira das histórias edificantes judaicas (*midraxe hagadá*), pois as citações das profecias aparecem como *justificação* do realmente acontecido. Se os evangelistas tivessem escrito histórias inventadas, teriam tido a preocupação de as fazer coincidir mais rigorosamente, mais ao pé da letra, com os textos do Antigo Testamento.

3. *Os Evangelhos não são uma reportagem direta de acontecimentos que uma testemunha ocular tenha redigido logo após.*

Assim é. Os evangelistas aproveitaram relatos breves já pertencentes à Tradição viva, em formas bastante fixas, usados na primitiva comunidade para exposição do *que Jesus fez e ensinou*[189], tanto nas reuniões litúrgicas como na catequese aos fiéis e no anúncio a judeus e pagãos.

O método da "história das formas" põe em relevo o fato de os relatos evangélicos refletirem as características da tradição oral, ao recolherem narrações breves e fáceis de recordar, comparações práticas, máximas etc., de modo conciso, com repetições e com ritmo, unindo as diversas perícopes de forma esquemática através de palavras como *depois*, *imediatamente*, *então*..., as quais não pretendem indicar uma sucessão cronológica.

Mas deduzir disso — nomeadamente da existência de uma tradição intermédia entre Jesus e os evangelistas — que estes não passaram de meros recopiladores de fragmentos dispersos, resultantes do dinamismo criador da comunidade ao exprimir as vivências de uma fé incontrolada, é uma conclusão arbitrária e errada.

A imagem de Jesus não foi desfigurada nem alterada. A famigerada "evolução criadora" de lendas exige a passagem do tempo — de um tempo muito maior! — para forjar relatos lendários; ora, os Evangelhos começam a ser redigidos — e isto é inegável — apenas uns trinta anos depois da vida terrena de Jesus, quando ainda viviam muitas testemunhas oculares.

OS SINAIS DE CREDIBILIDADE

A circunstância de os evangelistas terem conservado e transmitido formulações anteriores, mais ou menos estereotipadas, não prova que eles não tenham sido testemunhas diretas ou indiretas dos acontecimentos, nem que se tenham limitado a fazer o papel de meros recopiladores de perícopes; deve-se antes, certamente, a que quiseram corroborar o ensino anterior e insistir nas mesmas fórmulas conhecidas de todos pela catequese moldada no ensino dos Apóstolos, com a preponderância de Pedro, a que já nos referimos.

Esta verificação do fato de estarmos em face de escritos sóbrios e fragmentários é um poderoso sinal de credibilidade dos Evangelhos, pois deixam ver que foram escritos não para satisfazer curiosidades, como os evangelhos apócrifos, mas para catequizar segundo um "molde de ensino"[190]. Um falsário teria feito uma obra bem mais organizada e completa.

Os episódios narrados estão em plena consonância com a história da época, pelas referências a pessoas, datas, costumes, ambiente sócio-religioso, instituições que são do conhecimento comum, como por exemplo Herodes o Grande e Herodes Antipas, César Augusto, o ano 15 de Tibério César, Caifás e Anás, os partidos judaicos etc... Por outro lado, temos nos Evangelhos expressões que são típicas do tempo de Jesus, como os títulos de *Filho do Homem*, *Filho de Davi*. As ideias teológicas dos escritos de São Paulo, anteriores à redação dos Evangelhos, não são metidas nestes a todo o custo, como o faria qualquer falsário. O Evangelho de Lucas, discípulo de Paulo, não tem um caráter paulino e, se ele suprime certos pormenores judaicos, fá-lo sem mutilar ou alterar o Evangelho, pois também não procede à sua helenização.

Um falsário também não teria feito ressaltar com tanta crueza a falta de compreensão, a rudeza, e a covardia dos Apóstolos, uma vez que os Evangelhos lhes atribuem um papel tão importante e os primeiros cristãos tinham por eles grande estima e veneração, especialmente por Pedro, de acordo com os dados dos Atos e das Epístolas de São Paulo.

Os milagres de Jesus e tudo o que é sobrenatural nos Evangelhos é o que está na base da negação do valor histórico dos Evangelhos por parte dos racionalistas de diversas épocas e várias escolas. Mas também estes são relatados numa forma enormemente crível, pois não aparecem contados de forma triunfalista e nunca são feitos em proveito próprio. E isto aparece em perfeita descontinuidade tanto relativamente ao mundo pagão como ao mundo judaico. Com efeito, nos escritos helenísticos, os "milagres" de Apolônio e de outros taumaturgos pagãos têm um caráter teatral e espetacular e de busca de popularidade; dá-se o recurso à medicação e à magia. Se, porém, Jesus toca o doente com a mão ou lhe põe saliva, o que só raramente acontece, vê-se que toda a força curativa vem da sua palavra e do seu querer; os gestos do Senhor são meros sinais.

Por outro lado, nos escritos rabínicos, encontramos histórias tendenciosas de milagres em proveito próprio, coisa que Jesus não faz nunca; o milagre da pesca do peixe para pagar o imposto é sobretudo em favor de Pedro[191], e o milagre da figueira que seca não tem caráter de castigo, mas de ação simbólica[192].

Os relatos dos milagres são impressionantes pela sobriedade, naturalidade e renúncia a qualquer busca de efeito ou impacto no leitor, e tudo isso denota autenticidade, em contraste com os evangelhos apócrifos, de formação tardia (a partir do século II), cheios de milagres desnecessários e espetaculares, em proveito próprio e para castigar. A notável falta de veracidade dos apócrifos levou a Igreja a não os aceitar, apesar da piedade que alguns revelam, como o *Protoevangelho de São Tiago*, que contém mesmo muitos elementos edificantes e críveis da Tradição.

Os Evangelhos não pretendem divinizar a pessoa de Jesus a todo o custo; senão, nunca refletiriam uma figura tão humana: o Senhor com sono, com fome e com sede, com cansaço, lágrimas e até suor de sangue, e tão perto dos pecadores; é mais um motivo de credibilidade o fato de os evangelistas não mostrarem o menor receio de "rebaixar" a imagem de Jesus. Ele é uma figura universalmente humana, bem distinta dos grandes heróis da história. Mas o que mais impressiona na imagem de Cristo é como se fundem numa perfeita harmonia e numa grandeza inigualável os traços mais profundamente humanos com os traços mais sublimes e tipicamente divinos*. Uma figura como a de Cristo não se inventa!

As pequenas divergências que encontramos de um Evangelho para outro são algo normal, que se verifica em qualquer transmissão de acontecimentos verídicos através de testemunhos múltiplos. E também devemos pensar que o Espírito Santo, ao inspirar os Evangelhos, não julgou necessária uma desumana exigência de perfeccionismo, de uma perfeitíssima uniformidade de pormenores, pois o que interessava para a nossa instrução não era uma tal precisão material. Assim o Espírito Santo, com essas discrepâncias, quis deixar-nos um precioso sinal da veracidade dos evangelistas, que não se preocuparam de harmonizá-las, pois a sua sinceridade era total e estavam certos de que a informação que transmitiam tinha toda a segurança.

A falta de coincidência totalmente literal ao transmitirem as palavras de Jesus, pode dever-se tanto à circunstância originária de Jesus as ter

* Para uma análise mais aprofundada do retrato de Cristo apresentado pelos Evangelhos, ver Karl Adam, *Jesus Cristo*, Quadrante, São Paulo, 1986.

pronunciado em ocasiões distintas de modo diferente, como à divergência nas traduções gregas das palavras aramaicas originais de Jesus, e ainda ao aspecto tão natural de os evangelistas se terem preocupado mais com o sentido do que com as palavras exatas.

É impossível, portanto, concluir honestamente que os relatos evangélicos sejam fruto da imaginação exaltada dos fiéis da primeira geração, pois eles se apoiam, segundo confessa São Lucas, em *aqueles que desde o princípio foram testemunhas oculares* e o Evangelho é escrito para confirmar *a solidez dos ensinamentos* recebidos.

Por outro lado, a comunidade — viva e em expansão — em que se faz a transmissão oral da tradição evangélica que viria a ser recolhida nos escritos é uma comunidade organizada hierarquicamente e sob a vigilância dos Apóstolos e seus delegados. O próprio São Paulo confere com os Apóstolos o Evangelho que prega aos gentios, *para se assegurar de não correr ou não ter corrido em vão*[193]; o que ele *transmite* é o mesmo que *recebeu*[194]. Os Apóstolos são taxativos no que se refere à verdade do Evangelho pregado[195].

CREDIBILIDADE E FÉ

Como conclusão, podemos dizer que a investigação bíblica levada ao máximo pormenor durante os dois últimos séculos, quando feita de modo sério e imparcial, não põe em causa a veracidade histórica dos Evangelhos, antes a evidencia de um modo equilibrado e coerente com a genuína fé da Igreja. Os critérios de autenticidade histórica têm sido objeto de estudos muito aprofundados[196]. Mas o grande e verdadeiro obstáculo para se admitir a verdade histórica dos Evangelhos é a falta de fé de quem se nega a aceitar, *a priori*, o sobrenatural da intervenção de Deus na história humana, até ao ponto de encarnar, vir morar no meio dos homens para sofrer e morrer por eles e continuar a dar-se na Sagrada Eucaristia.

O primeiro passo para acreditar no Evangelho é converter-se, aceitar um amor tão grande da parte do Criador para com as suas criaturas, conforme o que Jesus começou a pregar: *Convertei-vos e acreditai no Evangelho.*

Santo Agostinho, certamente recordando as dificuldades que ele mesmo experimentara para se converter, fazia um apelo cheio de atualidade para que as pessoas superassem as dificuldades que sentiam para se converterem, escusando-se com o pretexto de não conseguirem aceitar certas passagens mais difíceis dos Evangelhos: "Que se faça cristão quem põe estas dificuldades, pois, se espera resolvê-las antes, pode suceder que se lhe acabe esta vida sem o ter conseguido... Há inúmeras dificuldades que não se podem resolver antes de crer, sob pena de terminar a vida sem fé. Pelo contrário, uma vez aceita a fé, já se podem estudar com afinco e assim se exercita gostosamente na piedade a inteligência crente"[197].

PARA UMA LEITURA CORRETA E PROVEITOSA

A maior parte das pessoas não consegue ler com proveito o texto dos Evangelhos em grego, a língua original em que foram escritos. Terão por isso que escolher uma boa tradução, sabendo que nem todas são igualmente boas, isto é, fiéis ao sentido do texto original, claras, expressivas e elegantes.

Quando dizemos uma leitura correta, queremos falar, além disso, de uma correta interpretação. Não é agora o momento de tratar da interpretação da Bíblia e de uma apreciação dos diversos métodos científicos de análise diacrônica e sincrônica, a que se devem muitos avanços no entendimento das Escrituras, à parte certos confusionismos quando esses métodos são absolutizados e usados à margem da fé da Igreja.

Apenas queremos recordar um princípio ensinado pelo Concílio Vaticano II: "Tudo quanto diz respeito à interpretação da Escritura está sujeito ao juízo último da Igreja, que goza do divino mandato e do ministério de guardar e interpretar a palavra de Deus"[198].

É por isso que as edições para uso dos fiéis devem ser aprovadas pela competente autoridade eclesiástica e "providas de notas necessárias e verdadeiramente suficientes"[199]. São, pois, de evitar as edições não católicas e, em geral, todas aquelas que manipulem o texto e a sua exegese, ainda que o objetivo que se propõem possa ser bom, como, por exemplo, a aplicação a situações concretas que precisam de ser iluminadas pela Palavra de Deus: interpretar e aplicar nunca pode ser *manipular*, sob pena de corrermos o risco de atraiçoar a Deus e o próprio homem, o destinatário da sua Palavra.

Limito-me a esclarecer o dito com dois exemplos. Quando eu era estudante, visitava com os meus colegas um pobre homem que, na sua ignorância atrevida, nos queria dar lições de interpretação da Bíblia, que era então objeto dos nossos estudos. Dizia-nos ele: "Vocês dizem que Jesus Cristo está nos sacrários das igrejas, mas isso não pode ser verdade, porque São Paulo, em At 17,

24, diz que *Deus, sendo o Senhor do céu e da terra, não habita em templos feitos à mão*". Esse homem isolava o texto do Apóstolo do seu *contexto*: São Paulo referia-se aos templos pagãos e nem sequer podia referir-se aos templos cristãos, que naquela data ainda não se tinham começado a construir.

O outro exemplo, vou tirá-lo da edição da Bíblia das Testemunhas de Jeová, que nem chegam a ser propriamente cristãos. Traduziram o versículo de Lucas 23, 43 de uma forma que se pode considerar correta palavra por palavra, mas em que colocam uma pontuação à sua maneira, de forma a alterarem o sentido correto e manipularem o texto para este poder exprimir a mensagem que querem veicular; assim, Jesus, segundo eles, diz ao ladrão arrependido: "Eu te digo hoje: estarás comigo no paraíso". É só uma questão de colocação dos dois pontos a seguir à palavra "hoje", em vez de os porem a seguir à palavra "digo". Esta pontuação força o leitor a entender o texto da maneira que eles querem, isto é, para que se entenda que, com a morte, acaba tudo, e que, portanto, já não resta a alma para se poder entrar no paraíso. Mas quem poderá dirimir uma questão destas?

É inútil, neste caso, invocar o texto original, pois foi escrito sem pontuação de espécie alguma, assim como todas as cópias durante uns mil anos que se lhe seguiram. A única forma de esclarecer a questão é recorrer à forma como essas palavras foram transmitidas na pregação do Evangelho desde o início, à genuína Tradição das palavras do Senhor, que sempre foram pregadas e lidas na Igreja, a fiel depositária da Palavra de Deus. Nessa pregação, não só se fez a entoação que deixa ver o sentido (e portanto a pontuação autêntica), como também se exprimiu a fé na imortalidade da alma que as Testemunhas de Jeová querem negar; que a neguem, se lhes convier, mas que não se arroguem a capacidade de interpretar um texto que não lhes pertence, pois são estranhos à origem dele, à Tradição e à fé em que o texto se formou e foi transmitido, uma vez que as Testemunhas de Jeová só apareceram dezenove séculos depois do Evangelho. Postos a manipular o texto e a arrancá-lo do seu contexto, teríamos também uma forma de despedi-los quando nos vêm importunar a casa, repetindo-lhes as palavras do Evangelho: *Não andeis de casa em casa!...*[200]

O Evangelho pertence à Igreja, onde é guardado, transmitido e interpretado autenticamente segundo o mandato de Cristo aos Apóstolos e seus legítimos sucessores. E, se bem que seja legítimo estudá-lo como um documento humano do passado, já não é igualmente legítimo recorrer a ele para saber o que Deus quer dizer aos homens de hoje ou de qualquer época, prescindindo da Igreja, da sua Tradição viva e vivificadora, ignorando a fé que está na origem do texto sagrado e o "Magistério vivo da Igreja, a quem foi confiada de modo exclusivo a função de interpretar autenticamente a Palavra de Deus escrita ou contida na Tradição, cuja autoridade é exercida em nome de Jesus Cristo; este Magistério não está acima da Palavra de Deus, mas está ao seu serviço, não ensinando senão o que foi transmitido, enquanto, por mandato divino e com a assistência do Espírito Santo, a ouve piedosamente, a guarda santamente e a expõe fielmente, extraindo desse único depósito da fé todas as coisas que propõe à fé como reveladas por Deus"[201].

É por isso que Santo Agostinho diz categoricamente: "Eu não acreditaria no Evangelho, se não me movesse a autoridade da Igreja católica"[202]. Sem a Tradição e o Magistério da Igreja, estamos incapacitados para entender, por exemplo, que as palavras de Jesus: *Eu, porém, vos digo, não jureis de modo nenhum*, podem admitir exceções, e aquelas outras: *Não separe o homem o que Deus uniu*, jamais podem admitir exceções. E por quê? Só pelos métodos científicos de exegese, isto nunca poderia vir a ser devidamente justificado, como diz o exegeta moderno François Dreyfus*.

CONTEMPLAR AS CENAS DO EVANGELHO

Não basta saber coisas acerca do Evangelho. Não se pode ficar a conhecer que os quatro Evangelhos "transmitem fielmente as coisas que Jesus, Filho de Deus, durante a sua vida terrena realmente fez e ensinou para a salvação dos homens", e permanecer indiferente ou limitar-se a lê-los por mera curiosidade histórica ou cultural, por exemplo para saber quais eram as divergências

* Quanto aos problemas que levanta a interpretação de algumas passagens difíceis do Evangelho, ver Estêvão Bettencourt, *Páginas difíceis do Evangelho*, Quadrante, São Paulo, 2025.

entre os saduceus e os fariseus, entre judeus e samaritanos, ou quantos irmãos tinha o rico que desprezava o pobre Lázaro etc...

O Evangelho que a Igreja — depositária da Palavra de Deus — guarda íntegro e inalterável, é o mais valioso tesouro que há no mundo e é o mais poderoso chamamento a corresponder à oferta de salvação, à participação nos bens do Reino de Deus, ao amor que o Senhor nos mostra entregando-se por nós numa medida insuperável. No Evangelho, Jesus continua a falar-nos e a convidar-nos a segui-lo: *Segue-me!*, *Vinde a mim todos!*, *Se alguém tem sede, venha a mim!*

Mas seguir Jesus não é uma formalidade, é algo que nos apanha inteiramente, é *ter os mesmos sentimentos que teve Cristo Jesus*[203], é imitá-lo, pois Ele mesmo nos diz: *Dei-vos o exemplo, a fim de que, assim como eu fiz, vós façais também*[204], *Sede perfeitos*[205].

Mas para corresponder a este apelo de Jesus — o chamamento ao ideal altíssimo da santidade (*como o vosso Pai celestial é perfeito*) —, não basta tê-lo ouvido um dia e mostrar boa vontade. É indispensável pautar a vida pelo Evangelho, lê-lo diariamente, meditar e aprofundar na palavra e na vida de Jesus, como nos foram transmitidas sob a inspiração do Espírito Santo. Nenhum livro nos pode aproximar tanto de Deus!

Para sermos cristãos a sério, discípulos de Cristo, identificados com Ele, "o próprio Cristo", no dizer de São Josemaria Escrivá, "é preciso que nos *contemplemos nEle*. Não basta ter uma ideia geral do espírito de Jesus, mas é preciso aprender com Ele pormenores e atitudes. E sobretudo é preciso contemplar a sua passagem pela terra, as suas pisadas, para daí extrair força, luz, serenidade, paz. Quando amamos uma pessoa, desejamos conhecer até os menores detalhes da sua existência, do seu caráter, para assim nos identificarmos com ela. É por isso que temos de meditar a história de Cristo, desde o seu nascimento num presépio até à sua Morte e à sua Ressurreição"[206].

O mesmo Bem-aventurado nos diz que a aventura divina da nossa identificação com Cristo exige um contato diário e aprofundado com o Evangelho, onde temos a vida de Jesus, "porque é preciso que a conheçamos bem, que a tenhamos toda inteira na mente e no coração, de modo que, em qualquer momento, sem necessidade de livro algum, fechando os olhos, possamos contemplá-la como num filme; de forma que, nas mais diversas situações da nossa existência, acudam à memória as palavras e os atos do Senhor. Assim nos sentiremos integrados na sua vida. Porque não se trata apenas de pensar em Jesus, de imaginar as cenas que lemos. Temos de intervir plenamente nelas, ser protagonistas; temos de seguir Cristo tão de perto como Santa Maria, sua Mãe; como os primeiros Doze, as santas mulheres e aquelas multidões que se comprimiam ao seu redor"[207].

É preciso fazer como o discípulo amado na Última Ceia: reclinar com confiança a cabeça sobre o peito de Jesus e sentir o palpitar do seu Coração e reviver com Ele as cenas do Evangelho: sentar-se aos seus pés como Maria de Betânia, deixar-se ensinar por Ele, ouvi-lo e enamorar-se dEle; acompanhá-lo pelos caminhos cheios de pó e de pedras da Palestina e pôr-se no lugar dos Apóstolos, dos doentes que gritavam por Ele, daquela mulher que, do meio da multidão, exclamava deslumbrada: *Feliz o ventre que te trouxe e os peitos que te amamentaram*; com Jesus, sentir-se cansado e sentar-se na borda do poço de Sicar; e sobretudo acompanhá-lo bem despertos na sua agonia no Getsêmani, na via dolorosa até ao Calvário, e já ressuscitado, sentir como os discípulos de Emaús a sua companhia e o coração a arder ao ouvi-lo explicar as Escrituras.

LER COM UM PLANO DE LEITURA

Os Evangelhos não são livros para se lerem uma vez e, depois, quando calhar, voltar a lê-los. São para se lerem todos os dias e durante toda a vida. Com efeito, são muito simples, mas de uma profundidade inesgotável. Devemos deixar-nos embeber das suas palavras e aprofundar nelas, pois, como comenta Santo Agostinho, "as palavras do Senhor são poucas, mas dizem muito, e não podem ser avaliadas pelo número, mas pelo peso, nem se devem ter em pouco por serem poucas, antes se devem examinar a fundo por serem profundas"[208].

Nada se mostra tão eficiente como um plano pessoal de leitura diária. É bom destinar-lhe uns minutos logo na primeira hora da manhã e esforçar-se por tirar dessa leitura um ensinamento muito concreto para o recordar e meditar ao longo do dia. Isto ajudar-nos-á a ter mais presença de Deus e vida de oração — as mesmas palavras com que as pessoas se dirigiam a Jesus servir-nos-ão de boas jaculatórias. Também nos ajudará a imitar o Mestre nalgum aspecto: a estar mais atentos aos outros, aos que sofrem ou precisam de nós, a estar mais alegres e a sorrir aos que vivem conosco, a manter a paz e a serenidade, a oferecer a Deus o trabalho e o cansaço, a compreender e a perdoar...

Não é preciso ler todo um capítulo diariamente, mas, se assim se fizesse, ler-se-iam os quatro Evangelhos em três meses, uma vez que contêm 89 capítulos. Ao terminá-los, se se continua a leitura com o resto do Novo Testamento ao mesmo ritmo, ainda se volta aos Evangelhos antes de findar o ano. E isto é um trabalho para todos os anos da nossa vida, pois o Evangelho é sempre a boa nova que não envelhece nem nos deixa envelhecer, pois ele é para se viver: "Esses minutos diários de leitura do Novo Testamento que te aconselhei — metendo-te e participando no conteúdo de cada cena, como um protagonista mais — são para que encarnes, para que 'cumpras' o Evangelho na tua vida... e para que 'o faças cumprir'"[209].

NOTAS

(1) Cf. Mc 1, 1-8; (2) Mc 1, 15; (3) cf. Mt 11, 5; Lc 7, 22; (4) Mc 16, 16; (5) cf. Gl, 1, 8-9; At 15, 7; 20, 24; 1 Cor 15, 1; Rom 1, 1; (6) Gl 1, 8; (7) At 21, 8; 2 Tm 4, 5; cf. Ef 4, 11; (8) *Apologia*, 1, 66; (9) Santo Ireneu, *Adversus haereses*, 3, 11, 8; (10) ibid., 3, 1, 1; (11) comparar Mt 10, 3 com Mc 3, 18; Lc 6, 15; At 1, 13; (12) comparar Mc 2, 14 e Lc 5, 27 com Mt 9, 9; (13) comparar Mt 15, 2 com Mc 7, 3; (14) comparar Mt 26, 17 com Mc 14, 12; (15) Mc 14, 51-52; (16) At 12, 12.25; 13, 5-13; 15, 37-39; (17) Col 4, 10; Flm 24; 2 Tm 4, 11; (18) 1 Pe 5, 13; (19) ibid.; (20) cf. Mt 14, 28-31; 16, 17-19; 17, 24-27; (21) Mc 16, 7; (22) Mc 3, 17; (23) Mc 5, 41; (24) Mc 7, 34; (25) Mc 7, 11; (26) Mc 14, 36; (27) Mc 15, 22; (28) Mc 15, 34; (29) Mc 7, 3; (30) Mc 14, 12; (31) Mc 15, 42; (32) Mc 15, 21; (33) cf. Rm 16, 13; (34) Mc 11, 17; Mt 21, 13; (35) Mt 15, 24; Mc 7, 24-30; (36) Lc 1, 3; (37) cf. Cl 4, 11.14; (38) 2 Tm 4, 11; cf. Flm 24; (39) At 16, 10-17; 20, 5-15; 21, 1-18; 27, 1; 28, 16; (40) Lc 1, 3; (41) Lc 22, 1.7; (42) Mt 10, 5; comparar com Lc 9, 1-6; 10, 1-12; (43) Lc 2, 31-32; (44) cf. Jo 13, 23;

19, 26; 20, 2; 21, 7.20; (45) cf. Jo 13, 23; 20, 2; 21, 7; (46) Jo 21, 2; (47) Jo 20, 30-31; 21, 24-25; (48) cf. capítulos 14 e 16; (49) Jo 19, 35; (50) Jo 21, 24; cf. 3, 11; 9, 31; (51) Jo 1, 38; (52) Jo 20, 16; (53) Jo 1, 41; 4, 26; (54) Jo 1, 42; (55) Jo 9, 7; (56) Jo 19, 13; (57) Jo 4, 9; (58) Jo 18, 28; (59) cf. Migne, PG 20, 552B; (60) cf. PG 7, 844; (61) Lc 19, 45; 21, 20.24; (62) At 10, 37-43; (63) cf. Mt 28, 19-20; Mc 16, 15--20; Lc 24, 44-49; Jo 20, 22-23; (64) cf., por exemplo, Jo 3; 4; 5; 6; 13-17; (65) Jo 1, 43; 2, 1; 4, 3; 6, 1; 7, 1; (66) Lc 13, 34; (67) Concílio Vaticano II, Const. apost. *Dei Verbum*, 11; (68) ibid.; (69) Lc 1, 2; (70) cf. Lc 1, 2; (71) cf. At 2; (72) Jo 20, 28; (73) Lc 24, 45; (74) Jo 14, 26; 16, 13; (75) Jo 2, 22; (76) cf. 1 Pe 3, 15; (77) At 2, 42; (78) 1 Jo 1, 1-3; (79) Ef 4, 11; cf. 2 Tm 4, 5; (80) At 21, 8; (81) cf. Mt 19, 13-15; (82) cf., por exemplo, Mc 5, 1-21; (83) Mt 15, 21-28; (84) Lc 1, 2; (85) cf. Gl 1, 6-10; (86) Jo 16, 13; cf. 14, 26; (87) cf. Mt 16, 13-19; Lc 22, 32; Jo 21, 15-17; (88) cf. Lc 1, 1; (89) Concílio Vaticano II, Const. apost. *Dei Verbum*, 19; (90) Concílio Vaticano II, Const. apost. *Dei Verbum*, 11; (91) cf. Mt 9, 1-8; Mc 2, 1-12; Lc 5, 17-26; (92) cf. Mt 8, 28-34; Mc 5, 1-20; Lc 8, 26-39; (93) cf. Mt 8, 14-15; Mc 1, 29-31; Lc 4, 38-39; (94) cf. Mt 12, 25-45; 23, 13-36; (95) cf. Mt 12, 17; 13, 35; 26, 54.56; 27, 9; (96) cf. Mt 21, 28-44; 23, 29-36; (97) cf. Mt 28, 19; (98) cf. Mt 11, 27; (99) cf. Mt 5, 21-22.27-28.31-32.33-34.38-39.43-44; (100) cf. Mt

16, 18; 18, 17a.b; (101) cf. Mt 16, 17-19; (102) cf. Mt 8, 23-27; (103) Mt 21, 33-45; (104) Mc 1, 29-31; (105) cf. Mc 2, 3; (106) Mc 5, 42; (107) Mc 4, 38; (108) Mc 10, 46; (109) cf. Mc 14, 51-52; (110) cf. Dn 7, 13-14; (111) cf. Mc 8, 27-30; (112) cf. Lc 1, 5; (113) cf. Lc 2, 1; (114) cf. Lc 2, 2; (115) cf. Lc 3, 1-2; (116) Lc 1, 56; (117) Lc 9, 51-19, 27; (118) cf. Lc 4, 9; Mt 4, 5-7; (119) cf. Lc 4, 30; 9, 51-53; 17, 11; 19, 28; (120) Lc 4, 17-21; (121) cf. Lc 4, 25-26; 9, 8.19; (122) Lc 2, 31-32; (123) Lc 3, 6; (124) cf. Lc 9, 54-55; (125) Lc 17, 16; (126) Lc 10, 25-37; (127) Lc 7, 36-50; (128) Lc 19, 1-10; (129) Lc 23, 39-43; (130) Lc 23, 34; (131) Lc 22, 61; (132) Lc 7, 13; (133) cf. Lc 15; (134) cf. Lc 7, 11-17.36-50; 8, 1-3; 10, 38-42; 13, 10-17; 23, 27-32; (135) cf. Lc 9, 23; (136) cf. Lc 4, 18; 7, 22; 6, 20; 16, 19-31; 18, 22; (137) cf. Lc 12, 13-21; (138) cf. Lc 16, 19-31; (139) cf. Lc 11, 5-8; (140) cf. Lc 18, 1-8; (141) cf. Lc 18, 9-14; (142) cf. Lc 3, 21; (143) cf. Lc 6, 12-16; (144) cf. Lc 9, 18; (145) cf. Lc 9, 28; (146) cf. Lc 1, 14.28.44; 2, 10; 6, 23; 15, 7; 24, 52-53; (147) cf. Lc 10, 21; (148) cf. Lc 3, 22; 4, 1.14.18; (149) cf. Lc 1, 15.35.41.67.80; 2, 25; (150) Lc 11, 27; (151) cf. Jo 3; (152) cf. Jo 4; (153) cf. Jo 2, 4; 19, 26; (154) cf. Jo 9, 1-41; (155) cf. Jo 11, 25-26; (156) cf. Jo 19, 34-37; (157) cf. Jo 20, 30-31; (158) Jo 12, 37; (159) cf. Jo 4, 6; (160) cf. Jo 11; (161) Jo 10, 30; (162) Jo 10, 38; (163) Jo 14, 9; (164) cf. Jo 5, 18; 7, 30; 10, 33; (165) Jo 20, 17; (166) Jo 3, 36;

(167) Jo 3, 16; (168) Jo 5, 42; (169) Jo 13, 15; (170) Jo 14, 31; (171) Jo 15, 9; (172) Jo 13, 34-35; cf. 15, 12.17; (173) Jo 20, 31; (174) Jo 1, 12; (175) cf. Jo 15; (176) cf. Jo 10, 1.18; (177) Jo 10, 16; cf. 17, 20-23; (178) cf. Jo 21, 15-17; (179) cf. Jo 3; (180) cf. Jo 9; (181) cf. Jo 6; (182) cf. Jo 2; (183) cf. Jo 14, 26; 16, 13; (184) cf. Jo 17, 19; (185) Jo 20, 23; (186) cf. Jo 2, 1-11; (187) cf. Jo 19, 25; (188) Concílio Vaticano II, Const. apost. *Dei Verbum*, 19; (189) cf. At 1, 1; (190) cf. Rom, 6, 7; (191) cf. Mt 17, 24-27; (192) cf. Mc 11, 12-14.20-25; (193) Gal 2, 2; (194) cf. 1 Cor 11, 23; 15, 3; (195) cf. 2 Pe 1, 16; Gal 1, 8-10; (196) cf. por ex., F. Lambiasi, *Autenticidade histórica dos Evangelhos*. Estudos de criteriologia, Eds. Paulinas, São Paulo, 1978; (197) Santo Agostinho, *Epístola* 102, 6, 38; (198) Concílio Vaticano II, Const. apost. *Dei Verbum*, 12 e segs; (199) Concílio Vaticano II, Const. apost. *Dei Verbum*, 25; (200) Lc 10, 7; (201) Concílio Vaticano II, Const. apost. *Dei Verbum*, 10; (202) Santo Agostinho, *Confissões*, VI, 5, 7; VII, 7, 11; (203) Fl 2, 5; (204) Jo 134, 15; (205) Mt 5, 48; (206) Josemaria Escrivá, *É Cristo que passa*, Quadrante, São Paulo, 1976, n. 107; (207) ibid.; (208) Santo Agostinho, *In Ioh. Ev. Tractatus*, 37, 1; (209) Josemaria Escrivá, *Sulco*, Quadrante, São Paulo, 1987, n. 672.

ESTE LIVRO ACABOU DE SE IMPRIMIR
A 05 DE SETEMBRO DE 2025,
EM PAPEL PÓLEN BOLD 90 g/m^2.

1365